Bernhard Schlink

Der Vorleser

Zugänge und Methoden der Textarbeit

von

Dr. Gesine Heddrich

Der Vorleser, Bernhard Schlinks vierter Roman, wurde in über 30 Sprachen übersetzt und platzierte sich als erstes deutsches Buch auf dem ersten Platz der New-York-Times-Bestsellerliste.
Der Roman wurde 2008/2009 verfilmt (USA/Deutschland) und lief 2009 in deutschen Kinos. Inzwischen sind verschiedene DVD-Ausgaben verfügbar (siehe Seite 86).

Der Vorleser ist in einigen Lehrplänen der Sekundarstufe II, z. T. auch der Sekundarstufe I verschiedener Bundesländer, darunter Niedersachsen, Sachsen, Thüringen, Rheinland-Pfalz, Berlin, Brandenburg, Hessen und Nordrhein-Westfalen, aufgeführt.

Liebe Kolleginnen und Kollegen,

ein Begleitheft für Pädagoginnen und Pädagogen sollte zwei Aspekte nicht überdehnen: den literaturwissenschaftlichen Anspruch sowie die methodisch-didaktischen Begründungen. Dass wir in der Lage sind, viele Lernziele zu formulieren und auch eine Interpretation nach allen wissenschaftlichen und kognitiv-analytischen Gesichtspunkten durchzuführen und zu vermitteln, versteht sich von selbst.
Daher war es mein Ziel, die zusätzlichen Bemerkungen und Hinweise kurz zu halten und stattdessen überschaubare Lösungsvorschläge anzubieten.
Sicherlich weichen die Schülerergebnisse teilweise von den hier angeführten Lösungsmöglichkeiten ab, denn in der Regel kann man weder alle möglichen Lösungen und Aspekte erfassen noch jede Schülerantwort antizipieren.
Um nicht die nötige Freiheit zur Entfaltung und Schwerpunktsetzung einzuschränken, habe ich davon abgesehen, die Einheit zu dem Roman *Der Vorleser* von Bernhard Schlink in einzelne Stunden mit detaillierten Vorgaben zu zerlegen. Vielmehr sollten die unterschiedlichen Teile bearbeitet werden, was wahlweise lektürebegleitend oder im Anschluss an die gesamte Lektüre geschehen kann. Meiner Intention, den Spannungsbogen im Roman auch während der Lektüre zu erhalten, wird der zweite Ansatz eher gerecht, besonders in Bezug auf antizipierende Kreativaufgaben. Die vorliegende „Analyse und Unterrichtshandreichung" beinhaltet konkrete Lösungsvorschläge für Aufgaben aus dem Schülerarbeitsheft sowie ergänzende Tafelbilder/Visualisierungen und didaktisch-methodische Anregungen. Da die einzelnen Teilbereiche an der Chronologie des Schülerarbeitsheftes orientiert sind, aber davon ausgegangen werden muss, dass Lehrkräfte nicht alle Aufgaben in der vorgegebenen Reihenfolge bearbeiten lassen bzw. sich punktuell vorbereiten, waren einige Wiederholungen – um dem jeweiligen Thema gerecht zu werden – nicht zu vermeiden.
Viele Aufgaben lassen sich entweder im Unterricht lösen oder als Hausaufgabe stellen. Je nachdem, ob man sich strikt an die Vorgaben hält oder selektiv vorgeht und manche Aufgaben ausklammert bzw. Arbeitsgänge kürzt, benötigt man zwischen 15 und 25 Unterrichtsstunden. Der zeitliche Aufwand richtet sich natürlich auch individuell nach der Klasse bzw. dem Kurs.

Es bleibt anzumerken, dass dieser Roman interdisziplinäre Ansätze bietet. So ist es möglich, mit den Fachlehrern für Geschichte, Politik, Gemeinschaftskunde, Religion und Kunst zusammenzuarbeiten, einzelne Themenkomplexe von diesen Fachlehrern bearbeiten zu lassen oder gar an einem Projekt- oder Verfügungstag vertiefend in die Materie einzusteigen. In der Oberstufe ist es weiterhin denkbar, französische oder englische Literatur über den Zweiten Weltkrieg oder von den Opfern hinzuzuziehen. Die Verflechtung unterschiedlicher Fachbereiche in der Schule ist zu befürworten, weil Schülern so gesellschaftliche Zusammenhänge und die Vielschichtigkeit einzelner Themen näher gebracht werden. Folgende thematische Schwerpunkte der Unterrichtseinheit haben sich herauskristallisiert:

- *psychologische Aspekte:*
  Liebe, Pubertät und Persönlichkeitsentwicklung, Zusammenhang von Denken und Handeln, Verarbeitung von Vergangenheit, Schuld und Sühne
- *sprachliche Aspekte:*
  Kommunikationsverhalten, Argumentation, Begriffsdefinitionen, literarische Auseinandersetzung mit persönlicher und gesellschaftlicher Vergangenheit, Schreiben als Therapie?
- *historische Aspekte:*
  Zweiter Weltkrieg, Drittes Reich, Täter – Opfer, Schuld, Kollektivschuld
- *symbolische Aspekte:*
  Motive und Metaphern wie Raum, Natur, Haus
- *literaturwissenschaftliche Aspekte:*
  Kriterien zur Erschließung von Prosatexten (Inhalt, Form, Aufbau, Sprache, kreative Ansätze), hermeneutischer, historischer oder biografischer Interpretationsansatz

Das **dazugehörige Schülerarbeitsheft** gibt den Lesenden die Möglichkeit, sich sowohl kreativ als auch analytisch mit dem Werk zu beschäftigen.
Es war das Ziel, möglichst vielfältige Ansätze zur Auseinandersetzung mit dem Roman aufzuzeigen. Dabei sollte darauf geachtet werden, dass Schüler auch ihre Interessen und Bedürfnisse einbringen, Ideen formulieren und mögliche Ansätze erweitern. Neben unterschiedlichen kognitiv-analytischen Interpretationsansätzen haben sie die Gelegenheit, literarisch tätig zu werden, zu zeichnen, Collagen anzufertigen, Rollen- und Planspiele zu gestalten oder unterschiedliche Arten der Visualisierung und Strukturierung von gemeinsam erstellten Arbeitsergebnissen zu erproben.
Der noch in den 1980er-Jahren sehr kontrovers diskutierte projektorientierte Unterricht ist längst unumstrittener Bestandteil heutigen Literaturunterrichts. Die Angst vor der Vernachlässigung der inhaltlichen Auseinandersetzung ist überwunden und ersetzt durch die Erkenntnis, dass philologische und produktive Hermeneutik, also analytisches und gestaltendes Interpretieren, gleichermaßen anerkannt werden und nebeneinander existieren müssen. Während das analytische Interpretieren im Wesentlichen auf das konkrete Erarbeiten von Textstruktur, bedeutenden sprachlichen wie formalen Eigenschaften des Textes und inhaltlichen Aspekten zielt, gewinnt das gestaltende Interpretieren seine Bedeutung durch die Erkenntnis mittels Produktion. Produktive Ansätze fordern die kreative Auseinandersetzung, auch ein emotionales Sich-Einlassen auf Umstände, Ereignisse, Situationen oder Charaktere, führen aber dennoch zu einer kognitiven Betrachtung unterschiedlicher literarischer Formen und Textmuster. Handlungsorientierter Unterricht schließt immer auch theoretische Voraussetzungen oder anschließende Reflexion bezüglich literaturwissenschaftlicher Aspekte ein, sodass man von einer Einseitigkeit des Ansatzes nicht sprechen kann. Die mit einem projektorientierten Unterricht verbundenen Lernziele sind:

- Selbstbestimmung und eigenverantwortliches Arbeiten
- Fördern der Fähigkeit, Theorie zur Orientierung in der eigenen Praxis zu verwenden
- Fördern der kommunikativen und sozialen Fähigkeiten
- Kreativität

Diese lassen sich nicht immer im Rahmen alternativer Arbeitsverfahren umsetzen, entsprechend den in den Bildungsplänen formulierten Anforderungen. Somit impliziert die individuelle Umsetzung kreativer Aufgabenstellungen immer auch einen kognitiv-analytischen Denkansatz. Beide methodischen Interpretationsansätze führen zum angemessenen Umgang mit Texten, zu dem wir die Schüler hinführen möchten.
Das vorliegende Schülerarbeitsheft soll den Jugendlichen als „Logbuch" dienen, in das ein Großteil der Arbeitsergebnisse eingetragen werden kann. Für umfangreichere Arbeitsprozesse oder Textproduktionen ist es nötig, einen zusätzlichen Hefter anzulegen.
Es bleibt zu hoffen, dass auch die Lehrer, die dieses Heft für ihren Unterricht heranziehen, sich in ihrer Wahlmöglichkeit nicht eingeschränkt fühlen, da ich mich selbst begreife als Ideengeberin, Anregerin zu Unterrichtsmethoden und Interpretationsansätzen sowie deren Präsentationsmöglichkeiten.

Eine ertragreiche und spannende Unterrichtseinheit zu dem *Vorleser* von Bernhard Schlink wünscht Ihnen

Ich danke allen Kolleginnen und Kollegen für ihre Geduld bei meinen Ausführungen hinsichtlich dieses Projektes und ihre Unterstützung in Wort und Tat. Mein besonderer Dank gilt Dagmar Belge, die mich bei historischen Fragestellungen sowie der Gesamtkonzeption sehr unterstützt hat. Die Zeit, Geduld und Motivation meiner Familie und meiner Freunde und Freundinnen im rechten Moment haben für mich zu einer fruchtbaren Auseinandersetzung mit dem Roman von Bernhard Schlink geführt – und führt hoffentlich andere Kollegen zu einer ebenso ergebnisreichen Auseinandersetzung mit dem *Vorleser.*

Inhalt

Symbole

SH20 im Schülerheft S. (...)

HE Hinweise und Erläuterungen zu den jeweiligen Themen/Aufgaben

LM Lösungsvorschlag/-möglichkeit für Aufgaben im Schülerheft

TA Tafelanschrieb

ZM Zusatzmaterialien/-aufgaben

ZM

1. Inhaltliche Übersicht über die einzelnen Kapitel des Romans

I-1 Ich-Erzähler trifft Hanna Schmitz, die ihm hilft
I-2 Beschreibung des Hauses (Traum)
I-3 Beschreibung von Hannas Wohnung/Wohnräumen
I-4 Umkleideszene bei Hanna – erste sexuelle Erregung
I-5 Michaels Konflikt zwischen Erziehung, Moral und Bedürfnis
I-6 Rückkehr zu Hanna: Initiation in die Liebe
I-7 Vorstellung der Eltern und Geschwister des Ich-Erzählers
I-8 Treffen mit Hanna
I-9 Hanna Schmitz – Biografie; Beziehung zwischen Michael und ihr
I-10 Szene in der Straßenbahn
I-11 4-tägige Fahrradtour
I-12 Hanna zu Besuch in Michaels Elternhaus
I-13 Schule und Mitschüler von Michael
I-14 Beschreibung der Liebe und des Rituals
I-15 Freizeit mit Mitschülern und Mitschülerinnen
I-16 Zufälliges Zusammentreffen mit Hanna im Schwimmbad
I-17 Verschwinden von Hanna

II-1 Schule und Studium
II-2 Prozess gegen ehemalige Aufseherinnen eines Lagers – Wiedersehen mit Hanna
II-3 Verhör von Hanna
II-4 Betäubtsein als Gefühl
II-5 Verlesen der Anklage (Hannas Verbrechen)
II-6 Verhalten von Hanna
II-7 Zeugenaussagen von Überlebenden
II-8 Beschreibung der damaligen Ereignisse (Anklage)
II-9 Befragung von Hanna
II-10 Hannas Geheimnis
II-11 Resignation von Hanna – Täterrolle
II-12 Gespräch zwischen Michael und seinem Vater
II-13 Verarbeitung des Prozesses in Träumen (von Hanna)
II-14 Fahrt nach Natzweiler-Struthof (Lager im Elsass)
II-15 Zweite Fahrt nach Natzweiler-Struthof
II-16 Gespräch mit dem vorsitzenden Richter des Prozesses
II-17 Hannas Urteil – lebenslange Haft

III-1 Skiurlaub von Michael mit Kommilitonen (Jurastudium)
III-2 Referendariat – Heirat mit ehemaliger Kommilitonin Gertrud
III-3 Beerdigung des ehemaligen Professors – Treffen von Kommilitonen
III-4 Wissenschaftliche Tätigkeit an der Universität
III-5 Vorlesen von Literatur für Hanna auf Kassette
III-6 Hannas Dankesbrief an Michael
III-7 Brief der Gefängnisleiterin – Ankündigung der Entlassung
III-8 Begegnung mit Hanna im Gefängnis
III-9 Vorbereitung für Hannas Entlassung und Resozialisierung
III-10 Hannas Tod (Selbstmord)
III-11 Treffen von Michael und Anklägerin im Prozess (New York)
III-12 Motivation für das Schreiben dieses Romans

1.2 Inhalt

Teil eins

„Als ich fünfzehn war, hatte ich Gelbsucht." Mit diesem Satz führt der personale Ich-Erzähler, Michael Berg, Schüler der Klasse 10 eines Gymnasiums in Heidelberg, in seine Welt ein.

Es ist die Geschichte eines Jugendlichen, der durch seine Krankheit und die damit verbundene Schwäche und Übelkeit, eine Frau kennenlernt, die ihm hilfreich zur Seite steht, als er sich in einem Hauseingang übergibt.

Die detaillierte Beschreibung des Hauses, in dem Hanna Schmitz wohnt, geht über in die Beschreibung ihrer Küche, schließlich ihrer Person selbst.

Fasziniert von der 36-Jährigen ist Michael Berg nicht in erster Linie aufgrund ihres Äußeren, sondern aufgrund ihrer Bewegungen, ihrer Gestik. Obwohl sie nicht schlank ist, hat sie eine erotische Ausstrahlung, die den Ich-Erzähler in ihren Bann zieht, indem sie seine erotischen Fantasien personifiziert.

Er kehrt später zu Hanna Schmitz zurück, um ihr auf Anraten seiner Mutter zu danken. Das Bild dieser Frau ergreift Besitz von ihm. Trotz seines schlechten Gewissens, erzeugt durch die christlich-moralische Vorstellung von Keuschheit, sucht er Frau Schmitz erneut auf. Greift man auf die von Sigmund Freud etablierten psychologischen Instanzen zurück, könnte man es folgendermaßen formulieren: Das Freudsche „Es" (Bereich des Unbewussten, Primärtriebe) besiegt das Über-Ich (Repräsentanten der Moralgesetze und Normen) und bildet somit die Basis und vor allem Bereitschaft für die folgende Initiation der Hauptfigur durch Hanna. Michael wartet auf sie, hilft ihr, Koks aus dem Keller zu holen. Durch Ungeschick macht er sich so schmutzig, dass sie ihm ein Bad anbietet. Als er aus der Badewanne steigt, ist sie bereits entkleidet und sagt ihm seine geheimen Wünsche und Bedürfnisse auf den Kopf zu. Sie schlafen miteinander – für den Erzähler die Initiation in die körperliche Liebe.

Dieses Ereignis hat zur Folge, dass sich Michael in Hanna verliebt. Um Zeit mit Hanna zu gewinnen und sie unauffällig in einen normalen Alltag integrieren zu können, geht er wieder zur Schule und kommt damit seinen alltäglichen Pflichten nach. Gleichzeitig schafft er eine erste Distanz zu Eltern und Umfeld.

Michael und Hanna ritualisieren die Zweisamkeit: duschen – einseifen – lieben – kuscheln – schlafen. Als Michael Hanna von der Schule erzählt, die er vernachlässigt, droht sie mit Liebesentzug, wenn er seiner Pflicht nicht nachkomme.

Das Liebesspiel wird bald auf Hannas Wunsch durch das Vorlesen der „klassischen" Schullektüre von Michael ergänzt.

Die selbstverständlich gewordene Zweisamkeit, die beide mit Glück und Zufriedenheit erfüllt, erfährt unerwartet einen ersten Bruch, als Michael am ersten Tag seiner Osterferien in den zweiten Wagen der Straßenbahn steigt, in der Hanna arbeitet. Obwohl Hanna im ersten Wagen steht, hofft er auf eine persönliche Begegnung, will sie aber nicht direkt kompromittieren. Damit verletzt Michael sie, weil sie denkt, er stehe nicht zu ihr und wolle nicht mit ihr gesehen werden. Es findet kein Gespräch zwischen ihnen statt, sodass er Hanna später aufsucht und auf sie wartet. Im Anschluss an eine heftige Diskussion badet Hanna Michael – es folgt die Versöhnung.

In den Osterferien verbringen sie erstmals mehrere Tage gemeinsam: Sie machen eine Fahrradtour nach Wimpfen, Amorbach, Miltenberg. Michael legt die Reiseroute fest, organisiert Fahrt und Übernachtung.

Ein weiterer Streit folgt, ebenfalls hervorgerufen durch ein Missverständnis. Hanna wacht auf und stellt fest, dass Michael nicht im Zimmer ist, was sie verunsichert. Michael hingegen hat ihr eine Mitteilung hinterlassen, die sie angeblich nicht vorgefunden hat, und so beschimpft sie ihn bei seiner Rückkehr, schlägt ihn sogar mit dem Gürtel ins Gesicht. Es ist der einzige Gewaltausbruch von Hanna, der ihre Unsicherheit und Hilflosigkeit unterstreicht. Dieser emotionale Ausbruch führt zu einem weiteren Bruch. Zwar wird die Beziehung anschließend noch inniger,

bleibt aber nach wie vor auf die Ritualisierung der Begegnung in Hannas Wohnung beschränkt. Sobald dieser Rahmen verlassen wird, kommt es automatisch zu Problemen und vor allem zu Distanz. Eine derartige Situation folgt nach der Radtour. Michael erkämpft sich von seinen Eltern das Recht, in deren Abwesenheit alleine zu Hause bleiben zu dürfen. Als er Hanna einlädt, verspürt sie eine gewisse Entfremdung, die sie nicht überwinden kann. Sie bittet Michael, ihr aus den Büchern, die sein Vater geschrieben hat, vorzulesen. Sie versucht also, über das Vorlesen Zugang zu seiner Familie und deren Bildungsniveau zu bekommen. Es wird ihr nicht gelingen. Hanna empfindet den Besuch in Michaels Elternhaus als ein Eindringen in eine fremde Sphäre und verlässt ihn vorzeitig.
Ein weiterer Bruch zeichnet sich mit Beginn des neuen Schuljahres ab. Michael trifft sich immer häufiger mit seinen Kameraden, befreundet sich mit Holger Schlüter, einem Mitschüler, und verbringt den größten Teil seiner Freizeit wie ein 15-jähriger Teenager: gemeinsame Freizeitgestaltung, gemeinsames Lernen, Flirten mit Gleichaltrigen. Dabei belastet ihn die Beziehung zu Hanna, die er immer mehr in den Hintergrund stellt. Zwar treffen sie sich regelmäßig wie bisher, aber weiterhin unter Ausschluss der Öffentlichkeit. Die Trennung beider Sozialisationsbereiche stellt für Michael einen Konflikt dar, den er nicht zu lösen vermag. Auf die Nachfrage seiner Freunde, warum er hin und wieder wenig Zeit habe, weicht er aus. Er bekennt sich nicht zu Hanna, was Schuldgefühle in ihm entstehen lässt. Michael empfindet sich als Verräter; er spürt, dass eine gemeinsame Lebenswelt als Basis für eine Liebesbeziehung nicht vorhanden ist bzw. sein kann.
Als ihm Hanna einmal unvermutet im Schwimmbad begegnet, zögert er, auf sie zuzugehen. Bis er sich schließlich dazu entschlossen hat, ist sie verschwunden. Dies ist das letzte Treffen zwischen beiden.
Das Verschwinden Hannas am darauf folgenden Tag führt bei Michael zu Gewissensbissen, Schuldgefühlen und der Sehnsucht nach der Frau, die er verloren hat – Hanna ist unbekannt verzogen, sodass er sie nicht zu finden vermag. Es bleibt ihm lediglich die Erinnerung.

LM

Teil zwei

Die Jahre in der Oberstufe sowie die ersten Semester als Student der Rechtswissenschaft verlaufen für Michael ohne große Vorkommnisse. Sie zeichnen sich durch eine gewisse Leichtigkeit des Seins aus. In Bezug auf Freundschaften oder Frauen gibt er sich unnahbar und unantastbar. Michael ist nicht bereit, sich auf Beziehungen einzulassen, emotional auf seine Umwelt zu reagieren.
Als einer seiner Professoren, ein ehemaliger Emigrant, einen Prozess um Aufseherinnen eines Konzentrationslagers zu seinem Seminarthema macht, trifft Michael durch die Teilnahme an dem Seminar erneut auf Hanna Schmitz. Die Studenten haben die Aufgabe, Protokolle über die Verhandlungen anzufertigen. Je mehr sie sich in die Prozessakten vertiefen, desto größer wird ihr Eifer. Diskussionen über Scham, Schuld im Allgemeinen, Kollektiv- und Erbschuld entstehen und die Gemeinschaft der Studenten wächst durch das Gefühl ihrer moralischen Erhabenheit.
Hanna Schmitz, eine der ehemaligen Aufseherinnen in einem Konzentrationslager nahe Krakau, ist neben weiteren fünf Frauen ebenfalls angeklagt. Durch ihren Lebenslauf wird klar, dass sie sich freiwillig bei der SS gemeldet und dafür eine Weiterbeschäftigung bei Siemens ausgeschlagen hat. Ihre damalige Entscheidung sorgt für Unverständnis – niemand im Gerichtssaal kann diese Entscheidung nachvollziehen.
Der Student Michael steht dem Projekt weitgehend distanziert gegenüber, indem er sich abschirmt und das Gefühl des ‚Betäubtseins' pflegt. Er möchte sich nicht erneut auf Hanna einlassen, sich mit ihr auseinandersetzen müssen.
Dennoch wohnt er den Verhandlungen – statt einmal wöchentlich – täglich bei. Er beobachtet alle Beteiligten aus der Distanz, beschreibt ihr Verhalten, ihre verbalen Strategien, ihre Reaktionen. Auch der tägliche Anblick von Hanna lässt ihn weitgehend emotionslos und unbeteiligt.

Im Verlaufe des Prozesses werden die einzelnen Anklagepunkte ausgeführt. Zwei Hauptanklagepunkte kristallisieren sich hinsichtlich Hannas Tätigkeit im Lager heraus: einerseits die vorgenommenen Selektionen, da regelmäßig Sträflinge dieses Lagers mit Auschwitz ausgetauscht werden mussten, andererseits die Passivität während eines Bombenangriffs, bei dem fast alle Frauen und Kinder in der Kirche eines Dorfes verbrannt sind.

Hannas Befragung verläuft sehr ungünstig. Sie wehrt sich gegen ihrer Meinung nach nicht gerechtfertigte Vorwürfe, gibt andere Umstände offenherzig und ehrlich zu. Ihr unerfahrener und unsicherer Anwalt kann diese Haltung nicht kompensieren. Die übrigen Angeklagten sind erzürnt und fühlen sich durch Hannas ungeschicktes Vorgehen mitbelastet. Auch deren Anwälte wenden sich nun massiv gegen Hanna, indem sie deren Hilflosigkeit und schwache Argumentation für sich und ihre Klientinnen nutzen.

Als Augenzeugen sagen zwei Amerikanerinnen aus, Mutter und Tochter, die aus der Perspektive der damaligen Opfer ihre Erlebnisse in einem Buch veröffentlicht haben. Hinsichtlich der Anklagepunkte, die Hanna betreffen, wenden sie ein, dass Hanna Schmitz Schützlinge erwählt habe – vor allem die Schwachen und Schmächtigen –,die ihr abends vorlesen mussten, bis sie der Selektion zum Opfer gefallen sind. Obwohl Hanna oder ihr Anwalt diesen Einwand positiv nutzen könnten, um sie zu entlasten und ihre Menschlichkeit zu dokumentieren, unterbleibt dies.

Die übrigen Angeklagten sind entschlossen, Hanna aufgrund ihres ungeschickten Vorgehens zur Hauptschuldigen zu erheben. Sie soll den Bericht verfasst haben, der alle als Mitschuldige ausweist. Hanna leugnet dies wahrheitsgemäß. Als der Richter aber einen Schriftvergleich zur Identifizierung der Verfasserin anordnet, gibt sie zu, den Bericht geschrieben zu haben.

In diesem Zusammenhang enthüllt der Ich-Erzähler Hannas Geheimnis, das ihm auf einem seiner langen Spaziergänge bewusst geworden ist: Hanna ist Analphabetin. Rückblickend bestätigen viele Ereignisse diese Tatsache und die Scham, die für Hanna mit dieser Schwäche verbunden ist. Nun ist Michael doch emotional beteiligt. Zwei Dinge sind ausschlaggebend dafür: Einerseits fühlt er sich schul-dig, weil er ein Verhältnis mit einer Verbrecherin gehabt hat, ohne dies zu merken – andererseits weiß er nicht, wie er mit der gewonnenen Erkenntnis über Hannas Schreib- und Leseunfähigkeit umgehen soll.

Da sie zunehmend resigniert und die Anschuldigungen wehrlos hinnimmt, überlegt Michael, ob er den Richter möglicherweise darüber aufklärt, dass Hanna den Bericht gar nicht verfasst haben kann. In diesem Gewissenskonflikt wendet er sich an seinen Vater und fragt ihn um Rat, indem er ein analoges Beispiel erfindet. Das Gespräch stellt ihn nicht zufrieden, sondern bestätigt das immer schon sehr distanzierte Verhältnis des Vaters zu den Kindern, ohne dass er einen Rat gegeben hat. Michael beschließt, sich nicht einzumischen, und rechtfertigt seine Haltung damit, dass Hanna die Umstände selbst hätte aufklären können, wenn es in ihrem Sinne gewesen wäre.

Um die Konfrontation mit Hanna als KZ-Aufseherin nicht nur in seinen Albträumen zu verarbeiten, fährt er ins Elsass, und besucht das in den Vogesen gelegene ehemalige Lager Natzweiler-Struthof. Auf dem Weg dorthin, den Michael als Tramper zurücklegt, wird er mit dem Thema der Täterschaft konfrontiert, als er einer Auseinandersetzung mit einem Autofahrer, der ihn mitnimmt, nicht ausweichen kann. Dieser redet ihm sein Vorhaben in dem Sinne aus, dass ihm der Besuch des Lagers keinen Aufschluss über die Motivation der Täter geben könne – in diesem Punkt wird der Fremde Recht behalten. Michael versucht dennoch, sich in die damalige Zeit zu versetzen, die Motivation derer zu verstehen, die damals aktiv gewesen sind; seine Unternehmung bleibt allerdings erfolglos.

Nach seiner Rückkehr geht der Ich-Erzähler zu dem Richter, der den Vorsitz im Prozess innehat, um aufklärerisch doch Einfluss auf den Prozessverlauf zu nehmen. Es bleibt bei einem *Small Talk* unter Fachleuten.

Ende Juni erhält Hanna als Hauptschuldige das Urteil: lebenslänglich; die anderen

Angeklagten erhalten geringere Strafen. Sie nimmt es stumm und bewegungslos entgegen.

LM

Teil drei

Michael führt sein Studium fort. Obwohl er sonst Kontakte zu seinen Kommilitonen vermeidet, fährt er mit einigen in den Skiurlaub. Dort provoziert er durch Leichtsinn einen Schwächeanfall mit Fieber. Er ist bemüht, das während des Prozesses entstandene Gefühl der Betäubtheit aufrechtzuerhalten.
Politische Agitation liegt ihm fern; er hält sich aus den gesellschaftlichen Ereignissen heraus, sei es die 68er-Bewegung, sei es das Eintreten für den Vietkong oder die Debatte über den Nationalsozialismus.
Als Außenseiter beginnt er sein Referendariat und heiratet Gertrud, eine Juristin, als diese schwanger ist. Nach fünf Jahren lassen die beiden sich scheiden. Andere Beziehungen folgen und Michael stellt fest, dass er in allen Frauen vergeblich Hanna sucht.
Als der Professor, der das KZ-Seminar veranstaltet hat, stirbt, wird er erneut mit dem Prozess und den ehemaligen Kommilitonen konfrontiert.
Wegen der damaligen Prozess-Erfahrungen kann sich Michael nicht dazu durchringen, sich für einen Beruf im Rechtswesen zu entscheiden. Er flüchtet an die Universität und wird in der Rechtsgeschichte wissenschaftlich tätig. Diese Arbeit führt er später mit dem Spezialgebiet *Recht im Dritten Reich* an einem Forschungsinstitut fort. Fragen zur Vergangenheitsbewältigung beschäftigen ihn weiterhin.
In Aufarbeitung seiner gescheiterten Ehe und seiner grundsätzlichen Beziehungsprobleme überwindet er seine schlaflosen Nächte durch lautes Lesen, um nicht in Erinnerungen und Träume zurückzufallen.
So beginnt er im achten Jahr von Hannas Haft Kassetten für sie zu besprechen und ihr erneut Literatur vorzulesen. Sechs Jahre vergehen, als Hanna Michael einen Dankesgruß schreibt – sie hat lesen und schreiben gelernt. Dennoch behält Michael die bisherige Kommunikationsform des Vorlesens bei.
Nach 18 Jahren Haft steht ihre Entlassung bevor und Michael wird von der Gefängnisleiterin davon in Kenntnis gesetzt, da er der Einzige ist, der Kontakt zu ihr pflegt. Die Vorstellung, Hanna zu besuchen, flößt Michael Angst ein – vor der Konfrontation mit ihr, der Nähe, den aus der Situation erwachsenden Pflichten, die er eigentlich nicht übernehmen möchte.
Ein Jahr später wird ihrem Begnadigungsgesuch stattgegeben. Nun muss Michael sich überwinden, Hanna zu besuchen, wenn er seiner Verantwortung ihr gegenüber gerecht werden möchte. Er fährt ins Gefängnis und besucht Hanna, die eine ergraute und von Furchen im Gesicht gezeichnete alte Frau geworden ist.
Michael erklärt sich bereit, Hanna bei der Resozialisierung zu helfen, besorgt ihr eine Wohnung und Arbeit als Näherin. Bis zu ihrer Entlassung besucht der Ich-Erzähler Hanna nicht mehr. Als er sie am Tag ihrer Entlassung abholen möchte, hat sie sich erhängt. Die Anstaltsleiterin zeigt ihm die Orte im Gefängnis, an denen Hanna gewirkt und gearbeitet hat. Er betrachtet ihr Bücherregal: wissenschaftliche Bücher über Konzentrationslager und solche von den Tätern und Opfern, mit denen sich Hanna all die Jahre auseinandergesetzt hat. An der Wand hängt ein Zeitungsausschnitt mit einem Foto von Michael als Abiturient.
Die Leiterin erzählt von Hanna, schildert, wie sie sich von einer engagierten und interessierten Frau zu einer nachlässigen, unsauberen und von allem zurückgezogenen Frau gewandelt hat, und erwähnt deren Warten auf einen Brief von ihm. Michael schaut sich die tote Hanna an.
Hanna hat vor ihrem Tod einen Auftrag für Michael hinterlassen. Er soll das von ihr gesparte Geld der Tochter geben, die als Zeugin in dem Prozess aufgetreten ist. Sie solle entscheiden, wofür es genutzt werden soll. Michael trifft diese Frau in New York. Als er die Zusammenhänge erklärt, die zu Hannas letztem Wunsch geführt haben, offenbart er dieser fremden Frau seine Vergangenheit mit Hanna.

Hannas Geld soll einer gemeinnützigen jüdischen Vereinigung für Analphabetismus gestiftet werden.
Im Schlusskapitel seines Romans und aus dem Zeitabstand von zehn Jahren reflektiert der Ich-Erzähler über seine Auseinandersetzung mit der Schuldfrage und über seine Motive zur Niederschrift von Hannas und seiner Geschichte. Er schließt diese mit der Erwähnung seines einzigen Besuches von Hannas Grab – in der Tasche die Spendenbestätigung der jüdischen Analphabeten-Vereinigung.

ZM

1.3 Themenübersicht

(Seitenangabe nach Diogenes Taschenbuchausgabe (1997), Nr. 22953)

Analphabetismus bzw. Andeutung dessen
35, 43, 53 f., 112, 124, 126–129, 177–179, 192, 203

Bilder / Beschreibungen von Hanna / Träume
13–17, 20, 61, 62, 78, 91, 95, 112, 127, 140–142, 156, 168, 184, 190, 197, 199

Bilder / Beschreibungen von Michael
5, 28 ff.

Familie
5, 7, 28–32, 51, 58 f., 83, 88, 134–139

Frauen
166, 191

Gertrud, Michaels Frau
164 f., 171, 188

Geschichte / Vergangenheit
172 f.

Haus
8–13, 199 f., 200

Klassenkameraden
64–66, 72–74, 84 f.

Konfliktsituationen / Streit zwischen Michael und Hanna
34 ff., 47 ff., 54 ff.

Konzentrationslager / Verbrechen / Prozess
86–157, 171 f.

Literatur / Vorlesen
40, 42 f., 56 ff., 66 f., 69, 173–176, 179 ff., 181, 183, 186, 193 f., 201

Natur als Kontrast bzw. Ergänzung von Stimmungen
45–47, 52 f., 90, 125 f., 148–150, 152, 168, 184, 194, 199

Ortsangaben (Straßen, Viertel)
5, 8, 13, 16, 29, 45, 46, 51, 52, 53, 59, 65, 69, 73, 79, 84, 90, 125, 167

Räume
8–10, 12 f., 90

Scham, Schuld, Verrat
20, 72 f., 80, 87–90, 99 f., 127, 128 f., 132 f., 142, 146 f., 151 f., 161–163, 190, 205 f.

Sexualität
16, 20–22, 26 f., 28 f., 33 f., 43 f., 49 f., 57

SH6

HE

I. Annäherung an die Lektüre

1. Lesen und Schreiben

Im Literaturunterricht stoßen Lehrkräfte nicht nur auf das Problem, Literatur so zu vermitteln, dass noch ein Rest Freude am Lesen bestehen bleibt, sondern auch auf die mangelnde Fähigkeit der Schülerinnen und Schüler, Interpretationskriterien auf jeden beliebigen literarischen Text zu übertragen – unabhängig von Länge, Genre oder Inhalt des Textes.
Selbst in der Oberstufe fängt man mit einer Lektüre erneut bei den wichtigsten Begriffen an, muss sie in Erinnerung rufen oder gar neu definieren.

ZM

TIPP – Lesezeichen

Zur Lektürebegleitung können die Schüler für sich ein Lesezeichen herstellen. Darauf sollten die wichtigsten interpretationsrelevanten Kriterien zu finden sein. Auf der Rückseite könnte beispielsweise ein *Fishbone* als Strukturierungshilfe dienen zum Festhalten von Seitenzahlen, Hinweisen oder Stichpunkten zu Themen, Figuren, Problemen, aktuellen Bezügen, Sprache, Aufbau, ...

Gestaltung der Vorderseite:

Bernhard Schlink
Der Vorleser

Wiedergabe
\+ Beschreibung
\+ Deutung
= Textinterpretation

Themen
Struktur
Handlung
Personen
Zeitgestaltung
Funktion des erzählten Raums
Zentrale Begriffe, Motive

Sinnzusammenhänge erkennen!
Zusammenhang zwischen
Form und Inhalt beachten!

Gattungsmerkmale
Erzählperspektive
Spannungskurve
Syntax / Wortwahl
Rhetorik / Stilistik
Sprachebene
Darstellungsweise/-absicht

Lesezeichen

Gestaltung der Rückseite:

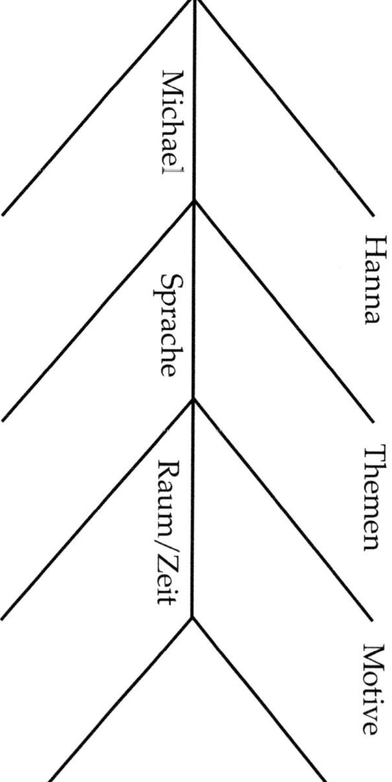

Die Schüler haben bei ihrer Annäherung an das Werk damit die Möglichkeit, zielorientiert vorzugehen und gleichzeitig persönliche Eindrücke zu formulieren.

Schreiben als Tätigkeit sowohl im Alltag als auch im Sinne von Literatur greift mehrere Themen des Romans auf: die Motivation zu schreiben, die angeführten Werke der Weltliteratur, die *vor*gelesen werden, das Nicht-Schreiben-Können als ein gesellschaftliches wie privates Problem.

Bereits vor dem Beginn der Lektüre sollen sich die Schüler mit der Funktion des Schreibens auseinandersetzen, um sich später mit der Frage des Ich-Erzählers nach den Motiven, einen derartigen Roman zu schreiben und dessen Reflexionen über das Schreiben im letzten Kapitel erneut zu beschäftigen.
Ausgehend von ihren eigenen Gewohnheiten und Erfahrungen sollen die Schüler überlegen, in welcher Situation und zu welchem Zweck überhaupt (noch) geschrieben wird.
Erfahrungsgemäß werden die Schüler vor Schreibanlässen und -zwecken zunächst die von ihnen genutzten Kommunikationsmittel nennen: traditionelle und moderne Kurznachrichten. Sinnvoll ist sicherlich, beide Aspekte zuzulassen, um auch die Alltagserfahrungen der Schüler unmittelbar aufzugreifen.
An diese allgemeinen Überlegungen sollte die Autorenreflexion angeschlossen werden. Die Betrachtung dieses Aspektes hat den Vorteil, bei Schülern immer wieder auftauchende Missverständnisse bei Begriffsdefinitionen auszuräumen. Zu diesen zählt zum Beispiel die Verwechslung von Autor und Erzähler, insbesondere wenn es sich um einen Ich-Erzähler handelt.
Die Erzählperspektive, Charaktere, Handlungsort und -zeit, Themen und sprachliche Besonderheiten sollten die Schüler von Beginn an berücksichtigen und als Grundraster im Blick behalten. Sind sie sich der zentralen Aspekte bewusst, können sie leichter mit analytischen Fragen umgehen.
Es bleibt zu überlegen, ob man gemeinsam mit den Schülern die methodischen Ansätze diskutiert und auf die Vielfältigkeit der Arbeitsformen hinweist. So haben die Schüler bereits zu Beginn einen Einblick in mögliche Arbeitsweisen.
Für das erste Einlassen mit dem Text und zur Klärung möglicher Fragen sollte eine Doppelstunde eingeplant werden, besonders wenn die Schüler den Roman nicht zuvor gelesen haben.

2. Funktionen des Schreibens

Schreiben = *selbstreferentiell*:

Zweck	Anlass	Mittel
Verarbeitung	Reflexion	Brief
Festhalten von Erlebtem	Erinnerungshilfe	Tagebuch
Ideen, Sprache	Lust am Schreiben?	Literatur
	Drang zum Schreiben?	(Prosa, Drama, Lyrik)

Schreiben = *Kommunikation*:

Zweck	Anlass	Mittel
Informationsvermittlung	Formulare	Formblatt
	Anträge	
	Mitteilungen	Notizzettel Brief
Unterhaltung	Gemeinschaft	*E-Mail*
Kontaktpflege		SMS
		Kurznachrichten
		Messenger

SH8

Schreiben eines Romans:

Freude am Schreiben, Formulieren
Idee für eine Geschichte
Festhalten von Autobiografischem
Verarbeiten von Problemen, Konflikten
Innerer Drang, sich schreibend mitzuteilen
Berühmtheit erlangen durch Bestseller, Geld verdienen

HE

3. Leseeindrücke – Autorenreflexion

Eine Stillarbeitsphase nach der gemeinsamen Lektüre der ersten vier Kapitel sollte dahin führen, dass die Schüler zum einen spontan Kritik äußern, positive und negative Eindrücke notieren, zum anderen erste Informationen über Romanfigu-ren, Ort und Zeit der Handlung und Themen/Motive festhalten.
Sinnvoll ist es, den Schülern für ihre Kritik zwei verschiedenfarbige Blätter auszuteilen. Um eine gewisse Hemmschwelle, die eine auf persönliche Meinung zielende Fragestellung immer impliziert, abzubauen, sollten die Blätter nach der Stillarbeit eingesammelt und erneut ausgeteilt werden, sodass kein Schüler seine eigenen Aspekte vortragen muss. Alternativ könnte man die Blätter nach Farben geordnet an die Tafel heften und systematisieren (Metaplantechnik). Der Austausch der Aspekte ist für alle interessant und führt erfahrungsgemäß zu einer Diskussion unter Schülern, die man durchaus zulassen sollte, weil sie Interessenschwerpunkte, offene Fragen und Textschwierigkeiten offenbaren kann.
Im Anschluss an den Austausch der ersten Leseeindrücke sollten die Schüler die wichtigsten Informationen in die dafür vorgesehenen Sprechblasen eintragen, um einen Überblick über vorhandene und fehlende Angaben zu erhalten und über diesen Arbeitsschritt zu möglichen Themen hinsichtlich des Romans zu gelangen. Damit antizipiert die Lerngruppe einen Teil der Untersuchungsaspekte und kann überdies ihre eigenen Erwartungen und Ideen formulieren. Indem sich die Schüler in die Rolle des Lehrenden versetzen, vollziehen sie ähnliche Denkansätze und lernen solche besser verstehen, sodass sie sie bei Textinterpretationen anwenden und umsetzen.
Um im Anschluss an diese Stunde mit Teil eins des Romans fortfahren zu können, sollten die Schüler ihn bis zur nächsten Stunde lesen – und zwar aktiv lesen, mit Bleistift in der Hand und Notizen am Rand.

ZM

Kritik / Untersuchungsaspekte

Folgende Kritikpunkte könnten genannt werden:

Was ist Ihnen besonders negativ aufgefallen?

- ☞ zu wenige Informationen zu Beginn
- ☞ Personen sehr allgemein gezeichnet
- ☞ keine genauen Informationen zu Ort und Zeit – alles sehr vage
- ☞ uninteressantes Thema
- ☞ keine Identifikation für Schüler möglich
- ☞ Thema schwer erkennbar
- ☞ unrealistisch (dass sich ein Junge für diese Frau interessiert)

Was ist Ihnen in den ersten Kapiteln besonders positiv aufgefallen?

- Spannung – was wird passieren?
- viele Fragen nach Umständen, Personen
- einfache Sprache
- leicht verständlich
- interessantes Thema

LM

Bernhard Schlink
Foto: ©Isolde Ohlbaum

Mögliche Untersuchungsaspekte aus Schülersicht:

ZM

- Charakterisierung der Personen
- Sexualität in der Pubertät
- autobiografische Züge
- Elternhaus
- zukünftige Beziehung der beiden
- Krankheit
- Symbole (Haus)

ZM

4. Ideenkiste – Illustration einer Geschichte

Hat man, wie es heute selten der Fall ist, mit der Lerngruppe einen Klassenraum zur Verfügung, kann man durch entsprechende Wandgestaltung eine Atmosphäre schaffen, die die Interpretation und Bearbeitung des Romans gegenwärtig macht und visuell ergänzt. Dies ist als Einstieg in die Betrachtung des ersten Teils des Romans geeignet und kann über die gesamte Unterrichtseinheit verteilt immer wieder ergänzt werden.
In diesem Kontext bietet sich die Verbildlichung besonders an, weil Michaels Wahrnehmung und Vorstellungsvermögen mit Bildern arbeitet. So, wie er Wege und Stadtviertel konkret beschreibt und benennt, so stellt er sich verschiedentlich Bilder von Hanna vor. Er hat die Erinnerung an diese erste Liebesbeziehung in Bildern kategorisiert, die er zu unterschiedlichen Anlässen anführt, beschreibt seine Träume, Orte und Gebäude mit einer Liebe zum Detail und einer konkreten Bildlichkeit, die Authentizität vermittelt. Insofern entspricht es diesem Roman und dem ihm inhärenten Prinzip der Darstellung und Beschreibung, ihn nicht nur zu lesen, sondern auch zu visualisieren. (vgl. Themenübersicht S. 13)

Vorschläge:

- Zeichnungen oder Bildcollagen zu den Figuren anfertigen
- Gedichte zu bestimmten Situationen oder Stimmungen schreiben
- Straßennamen und Viertel, die im Roman genannt werden, in einen Stadtplan von Heidelberg bzw. in Regionalkarten von der Bergstraße oder Wimpfen/Amorbach/Miltenberg einzeichnen
- Skizze von Küche und Wohnzimmer von Hanna entwerfen
- Skizze des Gerichtssaales und der Personenkonstellation anfertigen
- Streitsituationen bildlich darstellen
- Metapher des Gleitfluges bildlich darstellen
- Textauszug neu gestalten bzw. optisch umgestalten (konkrete Poesie)
- Traumbilder malen und gestalten
- Material zu den Themen „Konzentrationslager“ und „Juristische Aufarbeitung von Kriegsverbrechen“ (z. B. Nürnberger Prozesse, Prozess Majdanek, Auschwitz-Prozess, ...) sammeln
- Bildergeschichte zu einem Prozessausschnitt gestalten
- Fotostory verwirklichen
- Wandzeitung zu dem Prozess erstellen
- Zitate von Bedeutung sammeln und visuell gestalten
- Bildnerische und plastische Arbeiten zu den Themen
  „Ungleiche Liebe“,
  „Konzentrationslager“,
  „Sühne und Buße“,
  „Schuld“,
  „Träume“,
  „Haftanstalt“,
  „Symbol Haus“ anfertigen

II. Teil eins des Romans

1. Begegnung zweier Menschen

Fiktiver Beobacher ...

Um sich in die Situation des Zusammentreffens der beiden Hauptfiguren hineinversetzen zu können, dürfen die Schüler sich in den unsichtbaren Dritten verwandeln, der die erste Begegnung der beiden Figuren beobachtet. Da dieser Beobachter nicht näher charakterisiert ist, bleibt den Schülern jede Freiheit – besonders sprachlich gesehen – das Treffen zu beschreiben. Diese Aufgabenstellung bietet die Möglichkeit, kreatives Schreiben anzuwenden, ohne bereits konkrete Bezüge wie Charakter, Einstellung oder Sprachniveau und Ausdrucksweise einer Figur berücksichtigen zu müssen. Sobald eine derartige Aufgabe in Zusammenhang mit einer Romanfigur gestellt wird, muss viel mehr auf den Kontext geachtet werden, um einen schlüssigen Text zu schreiben, weil der Charakter und die Sprache einer Figur auch im Hinblick auf eine erfundene oder erweiterte Situation bestimmend sind.
Ist dieser Schreibauftrag für die Lerngruppe zu offen formuliert, könnte man gegebenenfalls einen Textanfang vorgeben oder den Beobachter in wenigen Worten umreißen (Alter, Geschlecht, ...), um den Einstieg zu erleichtern. Bleibt der Ansatz offen, so können die Schüler nach Verlesen ihrer Texte kurz erläutern, wen sie sich als Beobachter vorgestellt haben.
So könnte eine fiktive Perspektive wie folgt lauten:

„Plötzlich sah ich einen schmächtigen Jungen, der schwankend über die Straße schlich und sich an der Hauswand abstützte.
In diesem Alter schon am hellichten Tag so betrunken wie eine Haubitze herumlungern – das hätte es bei uns früher nicht gegeben.
Und dann passierte das, was passieren musste. Der Kerl kotzte in den nächsten Hauseingang – so eine Schweinerei. Eine Frau, die gerade aus dem Haus kam, richtete ihn auf und brachte ihn hinein. Wahrscheinlich war es seine Mutter. Tja, die hat das so selbstverständlich gemacht – sicher war das nicht das erste Mal, dass ihr Sohn so betrunken nach Hause kommt. Bin ich froh, dass ich nicht so ein Früchtchen habe. Dem hätte ich aber was erzählt. Als erstes hätte der mir den Bürgersteig geputzt – und zwar anständig. Aber mit der heutigen Jugend ist das so eine Sache; da ist man manchmal machtlos. Und wenn die Mutter dann noch alleinerziehend ist – soll ja vorkommen – fehlt eindeutig ein strenger Vater, der dem Jungen zeigt, wo's langgeht ..."

... und Romanfiguren

Hanna Schmitz, zu Beginn eine namenlose Frau, hilft dem Schüler Michael Berg, als dieser sich aufgrund seiner Krankheit übergeben muss (S. 6 f.). Anschließend begleitet sie ihn nach Hause. Während sie in dieser Situation die Aktive ist, jeder Satz des Ich-Erzählers mit „sie" (S. 6) beginnt, ist er selbst, Michael Berg, eher hilflos und passiv.
Bei einem nächsten Besuch von Michael hilft dieser Hanna Kohlen aus dem Keller zu holen (S. 24). Durch Ungeschick beschmutzt er sich, sodass Hanna ihn badet – auch dieses ist wieder eine Geste von Hilfsbereitschaft, aber auch Zuneigung. Ein gemeinsames Lachen verbindet die beiden, bevor sie sich sexuell annähern bzw. Hanna Besitz von Michael ergreift und ihn in die Liebe einführt. Das durch die Initiation in die Liebe eingeführte Ritual (S. 43) bleibt vorerst die einzige Gemeinsamkeit zwischen den Lebenswelten von beiden.
Da der Leser von Hannas Alltag und Leben sehr wenig erfährt, wird der Eindruck erweckt, dass sie kein soziales Umfeld hat, in dem sie sich bewegt. Neben ihrer

häuslichen und beruflichen Tätigkeit werden die regelmäßigen Treffen mit Michael scheinbar oder tatsächlich zu ihrem zentralen Lebensinhalt.
Für Michael dagegen ist das „Liebesleben", das er nun führt, Teil seines Schülerdaseins. Er ist in die Familie integriert, lebt sich nach seiner Genesung in den Klassenverband ein und führt ansonsten das Leben eines 15-jährigen Jungen, bereichert durch ein Sexualleben und gelebte Zuneigung, die seine Klassenkameraden in diesem Alter und in dieser Form normalerweise nicht erfahren. Das hat zur Folge, dass Michael das Leben, das er mit Hanna teilt, schwieriger in seinen Alltag integrieren kann als sie. Hinzu kommt der Altersunterschied, der es Michael wie Hanna kaum möglich macht, ihre Beziehung offen auszuleben oder sie mit ihrem jeweiligen Alltag und anderen Bezugspersonen zu vernetzen.
Auf alle Fälle ist diese Phase der ersten Liebesbeziehung für die Entwicklung von Michael viel entscheidender als für Hanna: Er erfährt eine Prägung, die ihn nicht nur in seinen künftigen Beziehungen zu Frauen beeinflussen und bestimmen wird, sondern auch seine gesamte Lebensart und seinen Charakter.
Um dem zentralen Thema, der Beziehung beider Figuren, gerecht zu werden, ist es sinnvoll, sich zunächst mit deren Lebenswelten und der gemeinsamen Welt zu beschäftigen. Die Schüler gewinnen so Einblick in die Personenkonstellation und werden feststellen, dass Michael und Hanna tatsächlich wenig verbindet. Abgesehen von ihrem Liebesleben stellt die von Michael ausgewählte Lektüre von Romanen das einzige Bindeglied zur Gesellschaft bzw. einem öffentlichen Leben dar. Der Ich-Erzähler bekundet selbst, dass eine gemeinsame Lebenswelt außerhalb der sexuellen Beziehung nicht vorhanden ist (S. 75).

LM

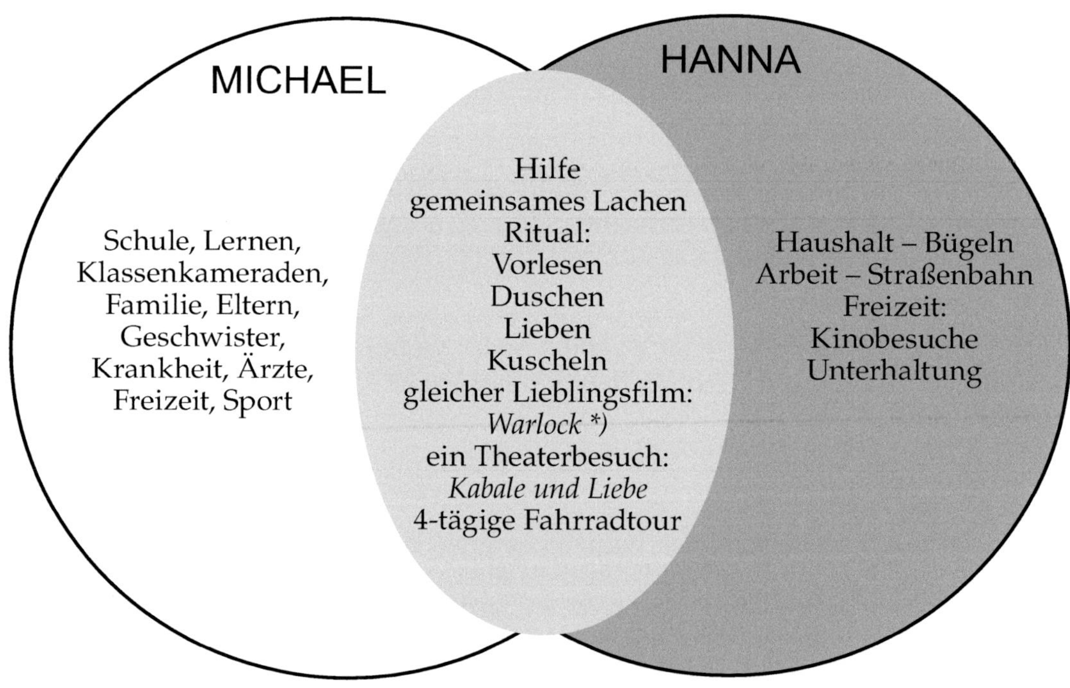

*) Western, Regie: Edward Dmytryk (USA 1959), Drehbuch: Robert Alan Arthur, nach dem gleichnamigen Roman von Oakley Hall. Darsteller: Richard Widmark, Henry Fonda, Anthony Quinn und Dorothy Malone, u. a.

2. Michael Berg – eine Charakterisierung

Michael Berg, Ich-Erzähler und Vorleser, der bereits im Titel angeführt wird, ist zu Beginn der Handlung ein 15-jähriger Schüler eines Gymnasiums (womöglich in Heidelberg). Es handelt sich bei dieser Figur um einen kränklichen, eher schwachen Jungen in der Pubertät, der sich offenbar seinem kränklichen Zustand hingibt und sich kaum kämpferisch zeigt. Als er durch ein Unwohlsein auf Hanna Schmitz stößt, lässt er sich bereitwillig waschen und nach Hause begleiten. So passiv, wie er sich während der ersten Begegnung mit Hanna verhält, so passiv wird er sich anfangs auf die Beziehung zu ihr einlassen.
Nach und nach überwindet er in dieser sexuellen Beziehung eine in diesem Alter natürliche Scham. Er lässt sich führen, ja verführen, und lernt sich hinzugeben. Später erst wird er sich behaupten und aus der Rolle des unterwürfigen Vorlesers und Liebhabers herausschlüpfen. Durch seine emotionale wie physische (sexuelle) Abhängigkeit von Hanna schwankt er hinsichtlich seiner psychischen Stabilität von einem Extrem in das andere: Von Natur aus eher durch Minderwertigkeitskomplexe und eine gewisse Distanz zu anderen Menschen geprägt – was unter anderem mit seiner Familie bzw. seiner durch Distanz und Lieblosigkeit ausgezeichnete Beziehung zu seinem Vater zusammenhängt – unzufrieden mit seiner äußeren Erscheinung, seinem unauffälligen Auftreten und seinem eher unbedeutenden Platz innerhalb seiner *Peergroup*, verspürt er nun punktuell ein Selbstbewusstsein, das aus seiner neu gewonnenen Männlichkeit resultiert. Seine durch die Pubertät und die damit verbundenen Probleme ausgelöste Unsicherheit verwandelt sich zum Gefühl der Überlegenheit, als er sich seines Vorsprungs den Gleichaltrigen gegenüber bewusst wird. Schwäche und Scham weichen dem Genuss der körperlichen Liebe und der Pflicht der konkreten Aufgabe: Er wird der Vorleser von Hanna (S. 42 f.).
Gleichzeitig bleibt er in der Beziehung zu Hanna der Unterlegene, da ihm daran sehr viel liegt, sodass er in Konfliktsituationen immer nachgibt und – wenn auch nicht wirklich von seiner Schuld überzeugt – Schuld und Fehlverhalten auf sich nimmt, wenn die Beziehung zu scheitern droht.
Dass er seine Position erkennt und auch kritisch reflektiert, spricht für einen analytischen Blick und ein Maß an Selbstkritik, die in diesem Alter kaum vorhanden sind. So entfernt er sich, wie es in der Pubertät zu erwarten ist, von den Eltern und der Familie, um sich – gestärkt und gesundet durch seine Liebesbeziehung – auf Hanna zu fixieren. Dieser Ablösungsprozess fällt Michael sogar relativ leicht, da die Beziehung zu den Eltern bereits distanziert ist, diejenige zum Vater gar als nicht tiefgreifend und emotionslos bezeichnet werden kann, sodass die Freundschaft zu Hanna diesen Entwicklungsprozess lediglich beschleunigt. Ähnlich vollzieht sich später auch die Entfernung von Hanna, als er sich vermehrt seiner Altersgruppe anschließt und ein alltägliches Teenagerleben führt, das nur wenig Raum für Zweisamkeit lässt.
Als Hanna nach einer durch Michaels Missachtung ihr gegenüber misslichen Begegnung verschwindet, bleibt dieser mit Schuldgefühlen zurück, weil er sich für Hannas Verschwinden verantwortlich macht. Jene unvorhersehbare Trennung traumatisiert Michael derart, dass er für sein Leben geprägt wird. Als Jurastudent, Referendar und später als Wissenschaftlicher Assistent wird er eine Außenseiterposition einnehmen. Sein Erwachsenenleben ist geprägt von Kontaktarmut und Gefühlskälte. Um weiteren Enttäuschungen vorzubeugen, verdrängt er Gefühle und Beziehungsängste gleichermaßen. Er hält sich von zwischenmenschlichen Beziehungen fern und ist von Beziehungen zu Frauen stets enttäuscht.
Seine mit Hanna erworbene Fähigkeit zur Hingabe und Erfahrung hinsichtlich der Übernahme von Verantwortung für andere führen zu einer Unnahbarkeit und vorgetäuschten Arroganz, die weder diverse Freundinnen noch später die Ehefrau durchbrechen können, gleich dem gordischen Knoten (S. 164–166).

Zeitlebens ist Michael auf der Suche nach einer Frau, die dem sehr früh von Hanna geprägten Bild entspricht. Die Sensibilität, die der Leser in dem jungen Michael entdeckt, wird zunehmend durch Egozentrik und Überheblichkeit kaschiert. Nie wird er als Erwachsener seinen Mitmenschen als offener, interessierter und authentischer Mensch entgegentreten.
Die Ambivalenz seines Charakters, die Michael zu überwinden sucht, indem er sich hart und unantastbar gibt, ist durch Hanna geprägt worden.
Als Schüler hat er eine natürliche Neugier und Wissbegier an den Tag gelegt, hat er Hanna befragt und versucht, aus Liebe in ihre Lebenswelt einzudringen (S. 34, 40, 50, 75). Von Hanna ist er immer wieder in seine Schranken verwiesen worden, sodass sich seine Offenheit und sein Interesse an anderen Menschen als falsches Handeln erwiesen haben. Trotz seiner Jugend ist er fähig, Situationen mit analytischem Scharfsinn, manchmal fast philosophisch reflektierend anzugehen, geduldig und nachgiebig zu sein, obwohl er sich im Recht fühlt, und eine Kompromissbereitschaft aufzubringen, die der Beziehung förderlich ist. Diese Fähigkeiten ersetzt er später nicht nur durch Unnahbarkeit und Verschlossenheit, sondern auch durch die dadurch herbeigeführte Isolation. Bemühungen um Freundschaft von Seiten der Mitstudenten bzw. Arbeitskollegen oder auch Frauen schlägt er aus.
Ob er tatsächlich aus der damals erfolgten Enttäuschung so reagiert oder ob er vielleicht ein Leben lang unter einer nicht ausgelebten Liebe leidet, vermag der Leser kaum zu beantworten.
Fest steht, dass Michael wider besseres Wissen die schon als Jugendlicher erfahrene Diskrepanz zwischen Denken, ja sogar Erkenntnis, und Handeln niemals überwinden wird. Selbst in den Momenten, in denen er die Notwendigkeit des Handelns erkennt, wird er Nichthandeln als Alternative vorziehen, um über die fehlende Handlungskompetenz erhaben zu sein:

„Ich denke, komme zu einem Ergebnis, halte das Ergebnis in einer Entscheidung fest und erfahre, daß das Handeln eine Sache für sich ist und der Entscheidung folgen kann, aber nicht folgen muß. Oft genug habe ich im Laufe meines Lebens getan, wofür ich mich nicht entschieden hatte, und nicht getan, wofür ich mich entschieden hatte." (S. 21 f.)

Diese Vorgehensweise, die er später mit dem Zustand des ‚Betäubtseins' gleichsetzt, schottet ihn von allem ab: vor Reflexionen über die Vergangenheit und Planen der Zukunft. Ebenso wie seine Ehe an dieser Art der Passivität und Gleichgültigkeit scheitert, so ist er auch im beruflichen Leben auf einen Rückzug in den ‚Elfenbeinturm' bedacht, hält er sich aus kritischen Fragestellungen heraus und lässt er sich nicht wirklich in etwas involvieren. In seiner individuellen Entwicklung ist Michael Berg eher zu einem introvertierten Menschen geworden, allerdings ohne die typischen Merkmale der Introvertiertheit aufzuweisen wie Schüchternheit oder Leiden an der mangelnden Fähigkeit, aus sich herauszugehen. Daher ist zu vermuten, dass er bewusst und konsequent einen Weg beschreitet, der ihm Schutz und Geborgenheit gewährt, ohne dass er dafür auf andere Menschen zurückgreifen muss – so bleibt er autonom, aber auch isoliert.
Die aktive Auseinandersetzung Michaels mit der Vergangenheit beginnt eigentlich erst mit dem Prozess des Schreibens. Inwieweit sich dieser Prozess auf Michael als Mensch auswirkt bzw. er sich dadurch selbst von Hanna zu befreien bzw. zu therapieren vermag, wird der Leser nicht mehr erfahren, da der Roman mit der Reflexion über das Schreiben und dessen Funktion endet.

Visualisierung

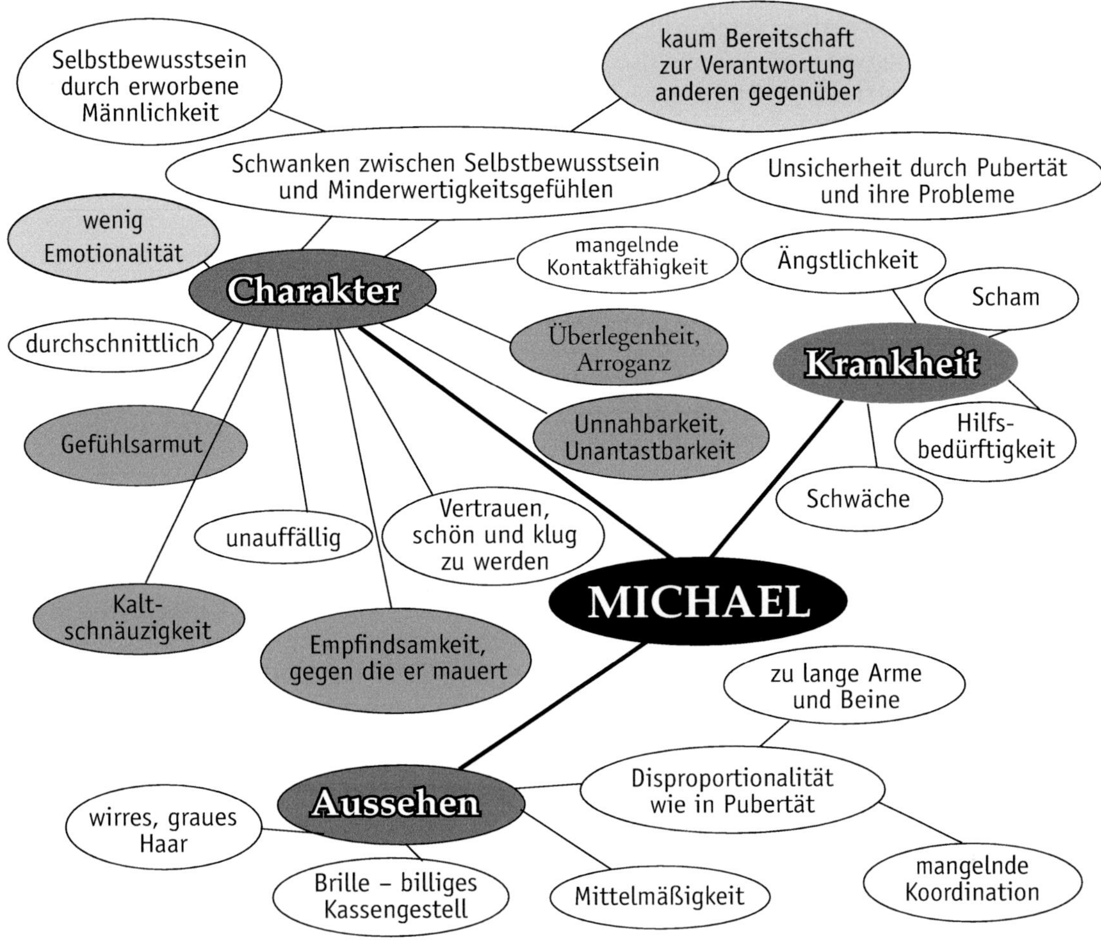

3. Hanna Schmitz – eine Charakterisierung

Hanna Schmitz, geboren 1922, offenbart sich dem Leser als geradliniger Charakter, der dennoch Ambivalenzen vermuten lässt. Von Michael nicht unbedingt als hübsch und attraktiv beschrieben, sondern als eher kräftig, etwas grobschlächtig und blass, verleihen ihr anscheinend ihre Gestik und Bewegungsabläufe eine Anmut, die anziehend auf den Jungen wirkt:

„Jahre später kam ich darauf, dass ich nicht einfach um ihrer Gestalt, sondern um ihrer Haltungen und Bewegungen willen die Augen nicht von ihr hatte lassen können. Ich bat meine Freundinnen, Strümpfe anzuziehen, aber ich mochte meine Bitte nicht erklären, das Rätsel der Begegnung zwischen Küche und Flur nicht erzählen. [...] Vielmehr schien sie sich in das Innere ihres Körpers zurückgezogen, diesen sich selbst und seinem eigenen, von keinem Befehl des Kopfes gestörten ruhigen Rhythmus überlassen und die äußere Welt vergessen zu haben. Diese Weltvergessenheit lag in den Haltungen und Bewegungen [...].“ (S. 17)

Obwohl sie bei der ersten Begegnung mit Michael grob und dominant wirkt, ist sie dennoch fürsorglich und versucht, den fremden Jungen zu trösten, als dieser aus Scham oder Hilflosigkeit weint. Dass sie dies etwas unbeholfen angeht, liegt wohl an einem mangelnden Kontakt zu anderen Menschen, was der Leser zu diesem

Zeitpunkt nicht wissen kann. Er erfährt nichts über ein soziales Umfeld von Hanna; auch werden private Interessen oder Aktivitäten nicht erwähnt.

Konsequent und über 20 Jahre älter als Michael, ist sie in der Beziehung in fast jeder Hinsicht dominant – sei es auf sexueller, verbaler oder emotionaler Ebene. Einzig ihr Defizit, die Unfähigkeit zu lesen und zu schreiben, würde sie Michael unterlegen machen – allerdings nur, wenn ihre Schwäche offenbar würde, was sie jahrelang zu vermeiden vermag.

Hanna zeigt ein Interesse an dem jungen Schüler, führt ihn in die Liebe ein, stellt aber ihre sexuellen Bedürfnisse zunächst an die erste Stelle: Sie bestimmt das Ritual, bestehend aus Vorlesen, Duschen, Lieben, Kuscheln und fragt nicht nach seinen Bedürfnissen oder Neigungen.

Die Rolle des Vorlesers fordert sie um ihren Analphabetismus zu kompensieren und sich damit Zutritt zu einer Welt zu verschaffen, die sie sich mangels eigener Fähigkeit nicht zu erschließen vermag. Auch das Duschen ist vor allem ihr – getrieben von peinlicher Sauberkeit – ein Bedürfnis: Vor dem Hintergrund ihrer Vergangenheit als Lageraufseherin während des Dritten Reichs kann man sagen, dass der Akt des Waschens und Duschens dem der Reinigung bzw. Gewissenserleichterung gleichkommt. ‚Sichreinwaschen' für die Liebe zu einem Jungen, die Vergangenheit abspülen, um die Gegenwart genießen zu können, sind Denkansätze, die durchaus ihre Berechtigung haben (S. 33).

Wie selbstverständlich nimmt Hanna Michael in ihren Alltag auf, erledigt in seiner Anwesenheit Hausarbeiten oder kleidet sich ohne Scham an. Sie stellt sich nicht in Frage, ebensowenig die Beziehung zu einem wesentlich jüngeren, noch nicht in die Liebe eingeführten Jungen. Probleme scheint es für sie nicht zu geben; sie lebt ihr Leben auf den scheinbar gewohnten Wegen, bereichert durch die Liebe eines Jungen, dem sie in jedem Fall bereits durch Alter und Erfahrung gewachsen ist. Dennoch verrät sie Ängste und Unsicherheiten bei Missverständnissen oder in Situationen, in denen sie sich unterlegen und machtlos fühlt. In derartigen Situatio-nen (vgl. Konfliktsituationen S. 23 ff.) überspielt sie Unbeholfenheit und Hilflosig-keit mit Ablehnung, demonstrativer Gleichgültigkeit und einmal sogar mit Gewalt-anwendung. Da Hanna, wie der Leser später verstehen wird, vor unangenehmen oder ihre Existenz bedrohenden Situationen flieht, kann er davon ausgehen, dass sie in einer schwierigen Situation mit Michael tatsächlich konsequent gehandelt hätte, indem sie die Folgen der zum Beispiel drohenden Trennung getragen und lieber Verzicht geübt hätte, als sich zu belasten oder ihre Lese- und Schreibschwä-che zu offenbaren.

Trotzdem erpresst sie Michael mehrfach emotional, indem sie das Ende der Besu-che als Druckmittel einsetzt. Wenn sie dies tut, erscheint sie als unsensible, egoisti-sche Frau, die nicht ermisst, welchen Einfluss sie womöglich auf einen mitten in der Persönlichkeitsentwicklung bzw. auf der Identitätssuche befindlichen jungen Menschen ausübt.

So selbstsicher Hanna sich in ihr wohl bekannter Umgebung fühlt – die Treffen finden fast ausschließlich in ihrer Wohnung statt – so unsicher wirkt sie dort, wo sie sich nicht auskennt, wo sie nicht zu Hause ist. Hervorgerufen wird ihre Unsicher-heit durch ihren Analphabetismus, den sie ein Leben lang zu verheimlichen sucht. Die existenzielle Angst vor der Offenbarung dieses Defizits führt bei einem Streit zwischen ihr und Michael sogar zu Gewalttätigkeit. Der Leser ist sicherlich gewillt, diesen Ausbruch bei späterer Kenntnis ihrer Vergangenheit als eine Verhaltensdis-position zu interpretieren, die sie bereits während ihrer Tätigkeit als Lageraufse-herin ausleben konnte. Aber ist es nicht vielmehr so, dass sie ob ihrer Hilflosigkeit zu Maßnahmen greift, die ihr eigentlich selbst fremd sind? Wenn sie später ihre Tätigkeit als Aufseherin im Lager mit Pflichtbewusstsein und Verantwortung den Auftraggebern wie den Gefangenen gegenüber argumentativ verteidigt, ist ihr eine charakterliche Anlage zu Gewalt und Brutalität eigentlich nicht zuzutrauen.

Gerade Hannas authentisch und wahrhaftig wirkende Art der Abweisung bzw. des Gestehens von ehemals vollbrachten Taten verweist auf einen weiteren Charakterzug: Sie ist ein ehrlicher und aufrichtiger Mensch, sofern man von der Verheimlichung ihrer Schreibschwäche absieht. Ohne Vorkenntnis der Akten, die sie nicht zu lesen vermochte, gibt sie zu, was ihrer Meinung nach zutrifft, und spricht sich gegen das aus, was nicht in ihrer Verantwortung geschehen ist. Auch während des Prozesses wird ihr der Analphabetismus zum Verhängnis, da sie, um ihr Handicap nicht offenbaren zu müssen, die Hauptverantwortung auf sich nimmt.

So wenig sie schreiben kann, so wenig spricht sie. Bereits während der Beziehung zu Michael ist sie eher wortkarg, beschränkt sich auf die nötigsten Aussagen – Fragen zu stellen ist ihr fremd.

Trotz ihrer introvertierten Haltung lebt sie in Bezug auf Michael Liebe und Zuneigung aus, die sie ein Leben lang in sich tragen wird. Zeugnis davon gibt zum Beispiel das Foto von Michael als Abiturient an der Wand ihrer Zelle, das sie sich trotz des Umzugs in eine andere Stadt und der Unkenntnis der Schrift beschafft und aufbewahrt hat. Auch die Fürsorge hinsichtlich seiner schulischen Leistungen hat sicherlich weniger mit Mutterinstinkt als mit Liebe zu tun: Sie möchte nicht, dass Michael seine zukünftigen Chancen ihretwegen aufgibt, dass er falsche Prioritäten setzt. In diesem Fall kann man sicherlich von Altruismus sprechen. Wenn es nach ihren Bedürfnissen gegangen wäre, hätte ihr seine Präsenz wichtiger sein müssen, da er bereits zum Lebensmittelpunkt avanciert ist und ihr soziales sowie gesellschaftliches Leben auf seine Existenz fokussiert sind. Für eine tief empfundene Verbundenheit mit Michael spricht ebenfalls die Tatsache, dass sie ihn im Gerichtssaal weiß, ohne ihn überrascht wahrzunehmen. Auch während ihrer Haftverbüßung ist er es, der ihr den Sinn des Lebens erschließt: Durch die von Michael besprochenen Literaturkassetten und unter Heranziehung der Buchausgaben lernt sie ohne fremde Hilfe zu lesen und zu schreiben (S. 195). Indem sie diesen Lernprozess eigenständig vollzieht, stellt sie ihre Lern- und Bildungsbeflissenheit ebenso unter Beweis wie ihre Bereitschaft, sich nun mit ihrer Schuld auseinanderzusetzen. Aber gerade diese späte Reue verwundert den Leser angesichts ihrer bisherigen Haltung.

Die Bewertung von Hanna durch den Leser muss ambivalent sein, weil er versucht ist, ihr späteres Bild als Aufseherin in der Beziehung zu Michael wiederzufinden. Damit werden ihre positiven Eigenschaften, die sie durchaus auch als Lageraufseherin auszeichnen (z. B. Todesaufschub für junge Mädchen, Fürsorglichkeit, Pflichtbewusstsein) und die dem Leser zuvor suggeriert worden sind, von dem Negativbild überlagert.

Sicherlich ist Hanna keine vielschichtige Figur, deren entwicklungspsychologischer Werdegang einem Aufschluss geben könnte; dafür erfährt man zu wenig von ihr und ihrem Leben, das innerhalb des Romans auf einige Daten und Fakten reduziert bleibt. Allerdings lässt sich nicht von der Hand weisen, dass sie Michael nachhaltig prägt.

Die Frage, ob man angesichts dieser Tatsache von einer Schuld sprechen kann, von einer Verfehlung in dem Sinne, dass sie Michael die Chance auf eine altersgerechte Entwicklung genommen hat, muss jeder für sich beantworten. Fest steht jedoch, dass Hanna weder im Hinblick auf Michael noch als KZ-Aufseherin wissentlich und willentlich gehandelt hat, da sie die Folgen ihres Handelns nicht übersehen und bedenken konnte. Gewissenhaft und konsequent verfolgt sie ihren Weg, tut ihre Pflicht und versucht zu leben. Das Einzige, was sie ein Leben lang einschränken wird und was die Instabilität in ihrem Alltag ausmacht, in dem sie immer wieder flüchtig wird, ist das wohl gehütete Geheimnis ihrer Lese- und Schreibschwäche, an deren Verheimlichung sie ihr Leben orientiert, nicht etwa ihre nationalsozialistische Vergangenheit. Diese arbeitet sie erst nach dem Prozess durch das Lesen von Literatur auf. In ihrem letzten Lebensabschnitt lässt sie sich auf diese Schuld ein, bekennt sie und übt Reue, obgleich sie weiterhin bei der Einstellung bleibt, dass sie keinem, außer den Opfern, Rechenschaft schulde. Genau diese Haltung fügt sich in die Art und Weise ein, wie sie sich ihr Leben eingerichtet hat: sich auf wenig einlassen, nichts riskieren, das Geheimnis hüten und damit verbunden eine gewisse Unnahbarkeit, die ihr im Zuge des Prozesses genommen wird, die sie aber im Laufe der Strafverbüßung und der Beschäftigung mit den Opfern aufgeben wird und eintauscht gegen eine selbst gewählte Isolation. In diesem Raum wird sie, ohne Verlust ihrer Würde und ihres Stolzes, mit den Opfern im Kopf leben und aus dem Leben fliehen, als es darum geht, wieder in die Gesellschaft resozialisiert zu werden. Es handelt sich bei Hannas Selbstmord weniger um eine Reuetat als um eine Flucht. Möglicherweise ist ihr ein neues Leben voller Unsicherheiten nicht lebenswert, vielleicht möchte sie Michael nicht belasten und ihm notgedrungen Pflichten übertragen, vielleicht ist sie müde geworden, sich mit dem Thema Konzentrationslager auseinanderzusetzen, sieht aber keine Alternative dazu. Viele Erklärungsversuche bieten Ansätze, die niemand zu bestätigen vermag. Es bleibt festzuhalten, dass Hannas Weg letztlich konsequent und geradlinig erscheint. Obgleich sie authentisch und wahrhaftig wirkt, löst sie zwiespältige Gefühle beim Leser aus. Sie verkörpert damit die „Banalität des Bösen" (vgl. S. 51).

Visualisierung

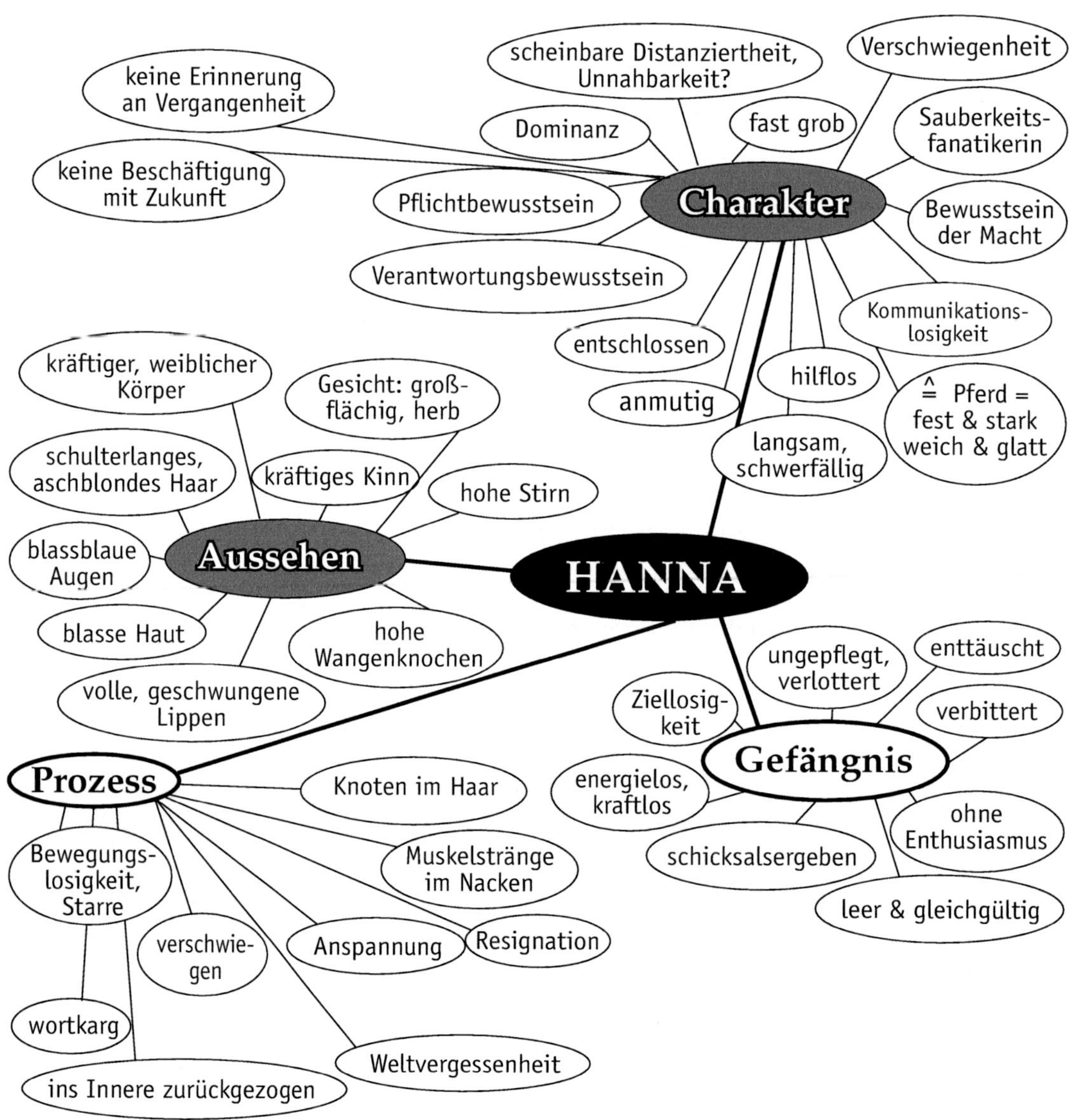

4. Beziehung zwischen Michael und Hanna Einfühlendes Lesen – Streitsituationen

1. Textstelle: S. 34 (unten) – 37 (erster Absatz)
2. Textstelle: S. 47 (Mitte) – 49 (Mitte)
3. Textstelle: S. 54 (Mitte) – 55 (Mitte)

HE

Hanna ist von sich aus ein Mensch, dem Kommunikation nicht wichtig erscheint. Weder spricht sie selbst viel, noch kann sie nachvollziehen, dass andere Menschen, wie zum Beispiel Michael, Fragen stellen, Reflexionen anstellen und mit anderen diskutieren. Das mag einerseits an ihrem Analphabetismus liegen, ist andererseits sicherlich in ihrem Charakter und ihrer Introvertiertheit verankert.
Wenn Michael und Hanna einen längeren Dialog führen, der diese Bezeichnung verdient, handelt es sich zumeist um Streitgespräche und die Klärung von Missverständnissen. Obwohl es vordergründig darum geht, dass Hanna versucht ihr Geheimnis zu hüten und dementsprechend gereizt reagiert, wenn sie fürchtet, entlarvt zu werden (was die Schüler zu diesem Zeitpunkt nicht wissen), geht es eigentlich um etwas anderes: In jeder dieser Situationen entstehen Unstimmigkeiten dadurch, dass Michael in die Welt von Hanna eindringt. Er erfragt ihren Namen, was sie kaum versteht, er folgt ihr in die Straßenbahn, um ihre Alltagsrealität mitzuerleben, was ebenfalls zu einem Missverständnis führt; er handelt eigenmächtig, als er das Frühstück besorgt und die Nachricht von ihr nicht gefunden bzw. gelesen werden kann.
Umgekehrt ist es genauso schwierig für Hanna, in die Welt von Michael einzudringen. Deshalb bleibt sie nicht über Nacht in Michaels Elternhaus, als er dort alleine ist. Man darf folglich davon ausgehen, dass die geringe Schnittmenge beider Lebenswelten sich im Laufe der Beziehung nicht vergrößert, da sie es nicht zulässt, Michael in ihre Welt eindringen zu lassen. Damit lässt sich die These belegen, dass Hanna tatsächlich primär an einer sexuellen Beziehung interessiert ist und keine enge und gleichberechtigte Partnerschaft wünscht.

Durch das einfühlsame Lesen ist es den Schülern möglich, die Konfliktsituationen besser nachzuvollziehen, indem sie in die Rolle von Hanna oder Michael schlüpfen. Zur Vorbereitung des Lesens können die Schüler am Textrand festhalten, wie die jeweilige Aussage gelesen werden sollte, um die Gefühle der Personen authentisch zu vermitteln (vgl. Symbole im Schülerheft, S. 12).
Alle Gesprächsausschnitte sollten darüber hinaus zu einer kommunikationstheoretischen Analyse führen. Schwerpunkt sollte die verbale Haltung / Position der Gesprächspartner sein (überlegen, unterlegen), die Art und Weise des kommunikativen Umgangs miteinander (Rechtfertigung, Vorwurf, (Gegen)fragen, Unterbrechungen, Einwände, Starrsinn, Beharrlichkeit, Trotz ...), rhetorische Redemittel sowie ihr nonverbales Verhalten (Gestik, Mimik).

LM

1. Textstelle: S. 34 (unten) – 37 (erster Absatz)

Anlass ist die Nachfrage Michaels nach ihrem Namen
Streit um die schulischen Leistungen von Michael

Hanna	**Michael**
fährt hoch, richtet sich auf	eher passiv, bewegungslos und starr
W-Frage	
reagiert gereizt, misstrauisch, brüsk	unschuldige Frage nach Namen
überrascht und aggressiv	stottert, verunsichert
gelöst, freundlich, lacht	innerer Monolog
entspannt sich	
kurze Erklärung	antwortet

fantasiert, stolz auf ihn (umgangssprachlich)	
richtet sich auf	beichtet seine Schulversäumnisse
entsetzt, wütend, echauffiert	
konsequent, laut	betäubt, gelobt Besserung
rhetorische Fragen, Ellipsen	zutraulich
beschreibt ihre Arbeit mittels Gesten	

2. Textstelle: S. 47 (Mitte) – 49 (Mitte)

Anlass ist Michaels Straßenbahnfahrt im zweiten Waggon (erster Tag der Osterferien) Hanna befindet sich im ersten und fühlt sich übersehen – Michael will sie nicht kompromittieren – er wartet anschließend vor ihrer Wohnung auf sie; es kommt zu einem Streit

Hanna	**Michael**
gehen in die Wohnung	
abgeklärt, nüchtern, gleichgültig	traurig, wütend, aufgebracht
rhetorische Frage	er beginnt zu fragen, geht in die Offensive
sie reagiert auf ihn	
Frage – Erklärung – Rechtfertigung	
kalte Blicke	bricht Erklärung ab
vorwurfsvoll	
ironisch, spottet	
täuscht Mitleid vor	
Unverständnis durch Kopfschütteln	empört
blockt ab	
distanziert, unbeteiligt	empört, aufgeregt
stellt sich hinter den Küchentisch, Abwehr	
bricht Gespräch ab	setzt sich demonstrativ auf das Sofa
fordert Michael auf zu gehen	weigert sich zu gehen, trotzige Haltung
greift das Thema auf – stellt Frage	unsicher, entschuldigt sich
kühl, unantastbar, beharrlich	
unterbricht ihn erneut	
fordert ihn erneut auf zu gehen	unsicher, resigniert
sieht ihn auffordernd an	
zuckt gleichgültig mit den Schultern	demütig, unterwürfig, hoffnungslos
	Michael geht, kommt aber wieder
nimmt ihn erneut auf	
lässt ihn mit seinem Schuldbekenntnis allein	nimmt alle Schuld auf sich

3. Textstelle: S. 54 (Mitte) – 55 (Mitte)

Hanna	**Michael**
geht in die Offensive, vorwurfsvoll, zornig	will sie umarmen, sich annähern
stellt sich vor ihm auf	
völlig erregt, zitternd, außer sich	entsetzt, sprachlos, absolut hilflos
schlägt ihn mit einem Gürtel	
gelähmt	
weint, völlig aufgelöst	fragt, versteht die Situation nicht
Gesicht verliert jede Form	
alles aufgerissen (Augen, Mund)	
hilflos	erstarrt, innerer Monolog, Fragen
schlägt mit Fäusten auf ihn ein	

klammert sich an ihn kuschelt sich an ihn versöhnlich, mütterlich besorgt		hält sie fest
	sie lieben sich	
Anteil nehmend		fragt nach dem Grund für den Ausbruch
erklärend unschuldig bei Frage nach Zettel		

HE

Es fällt auf, dass Hanna und Michael eine nüchterne Sprache benutzen, die wenige Emotionen birgt. Liebe oder Zuneigung werden so gut wie nie thematisiert, eine intensive Kommunikation findet nur in Problemsituationen statt. So verbindet beide eine Beziehung, die körperlich ausgelebt wird und verbal über das Vorlesen von Literatur, über die sie sich manchmal unterhalten, was Michael in einer Phase der Erinnerung erwähnt.

Hanna ist in allen untersuchten Situationen diejenige, die das Gespräch lenkt, sei es durch Passivität und Ablehnung, sei es durch Fragen oder Vorwürfe. Sie dominiert. Indem sie Michael mit Vorwürfen schwächt oder emotional erpresst, gelingt es ihr, ihn immer wieder demütig zu stimmen. So gibt er nach, entschuldigt sich für ein Verhalten, das er selbst nicht als Fehlverhalten einsieht. Aber er möchte Hanna nicht verlieren und das weiß sie, sodass sie diese Art des Kräftemessens und des Machtspiels für sich entscheiden kann.
Ihre Körpersprache ist ausgeprägt. Sie demonstriert nonverbal, wie sie zu Michael steht, vermittelt gestisch und mimisch, was sie nicht immer zu artikulieren versteht.
Ihre Sprache ist einfach, parataktischer Satzbau oder kurze Fragen dafür kennzeichnend. Ansonsten ist Hanna wortkarg, schweigsam und hat kein Bedürfnis, sich verbal zu artikulieren.

Michael bleibt Hanna während der Zeit ihrer Beziehung unterlegen, sowohl was die sexuelle Beziehung als auch das kommunikative Verhalten betrifft. Er lässt Hanna gewähren, reagiert in vielen Situationen so, wie sie es erwartet, und steckt selbst zurück. Dass er diese Art der Anpassung an Hannas Erwartungen durchschaut, zeigt Michael, indem er beider Verhalten reflektiert und analysiert. Dadurch erkennt er auch, dass er ohne ein Einsehen in Schuld nachgibt, Fehler gesteht und versucht, Hanna gnädig zu stimmen, um sie nicht zu verlieren. Obwohl man diese Haltung durchaus als Hörigkeit interpretieren könnte, sieht Michael selbst sie als Schwäche an, da er weiß, dass er aus Liebe handelt. Derjenige, der stärker liebt bzw. stärker zu lieben glaubt, ist in einer Beziehung unterlegen. Es ist davon auszugehen, dass Hanna ebenfalls sehr starke Gefühle für Michael hegt, aber sie zeigt sie nie. Besonders in Stresssituationen bewahrt sie eine distanzierte, ja gleichgültige Haltung.
Michaels nonverbales Verhalten reduziert sich auf hilflose Bewegungen im Raum und auf Reaktionen – so zum Beispiel die Trotzreaktion, als er sich demonstrativ auf die Couch setzt, obwohl Hanna ihn gebeten hat zu gehen. Michael benötigt diese Art der Kommunikation nicht unbedingt, da er sich differenziert zu artikulieren vermag. Seine Sprache ist für einen Jungen dieses Alters ungewöhnlich, besonders die Syntax, die nicht einer mündlichen Umgangssprache entspricht, da sie häufig Nebensatzkonstruktionen und Vollständigkeit aufweist. Der Leser könnte hier tatsächlich erwarten, dass der 15-jährige Michael sich nicht derart versiert ausdrückt. Vor allem in den Streitsituationen wirkt dieses Sprachvermögen angesichts der Erregung oder des raschen Wortwechsels nicht authentisch. Wenn er einen Satz nicht zu Ende führt, liegt es teilweise daran, dass Hanna ihn unterbricht und seinen Gedanken nicht zu Ende führen lässt. Auch das ist eine Möglich-

keit, sich dem anderen gegenüber als überlegen zu zeigen, indem man die Führung des Gesprächs übernimmt und Erklärungen jedweder Art gar nicht erst zulässt bzw. verzögert. So gesehen ist Michael auch hinsichtlich dieser Unterbrechungen machtlos und ausgeliefert – er kämpft nicht um das Wort, sondern beschränkt sich vorwiegend auf verbale *Re*aktionen.

HE

Beziehung zwischen Michael und Hanna – Bildliche Darstellung

Um die entscheidenden dialogischen Textpassagen in der Gesamtheit des ersten Teils des Romans zu betrachten und eine Übersicht über Höhen und Tiefen der Beziehung zwischen Michael und Hanna zu erhalten, sollen die wichtigsten Aspekte visualisiert werden.
Was verbindet beide miteinander, wo trennen sich ihre Wege, wann gibt es Streit und Probleme? Die Antworten geben auf einen Blick Aufschluss über die gemeinsame Lebenswelt von Michael und Hanna.
Damit die Schüler nicht allzu viel Zeit mit der Suche nach einer möglichen Form der Visualisierung verlieren, ist eine Struktur vorgegeben, die sie ausfüllen können, indem sie die angegebenen Punkte im Roman nachvollziehen und mit Stichworten kennzeichnen.

Die Struktur beinhaltet – grob gezeichnet – folgende Begegnungen zwischen den beiden (Erwartungshorizont siehe Schaubild):

- ➪ Erbrechen, Begleitung nach Hause
- ➪ Träume, Fantasien
- ➪ Initiation in die Liebe
- ➪ Ritualisierung der Treffen (mehrfaches Ritual)
- ➪ Streitsituationen und der jeweilige Anlass
- ➪ Treffen bei Michael
- ➪ Gleitflug der Liebe
- ➪ Begegnung im Schwimmbad
- ➪ Verschwinden Hannas
- ➪ Schuldgefühle Michaels

Es ist sicherlich sinnvoll, den Schülern einige Stichpunkte als Orientierungshilfe anzubieten, damit sie hinsichtlich der Aufgabenstellung die Relevanz bestimmter Aspekte erkennen und Unwichtiges von Wichtigem unterscheiden lernen.

LM

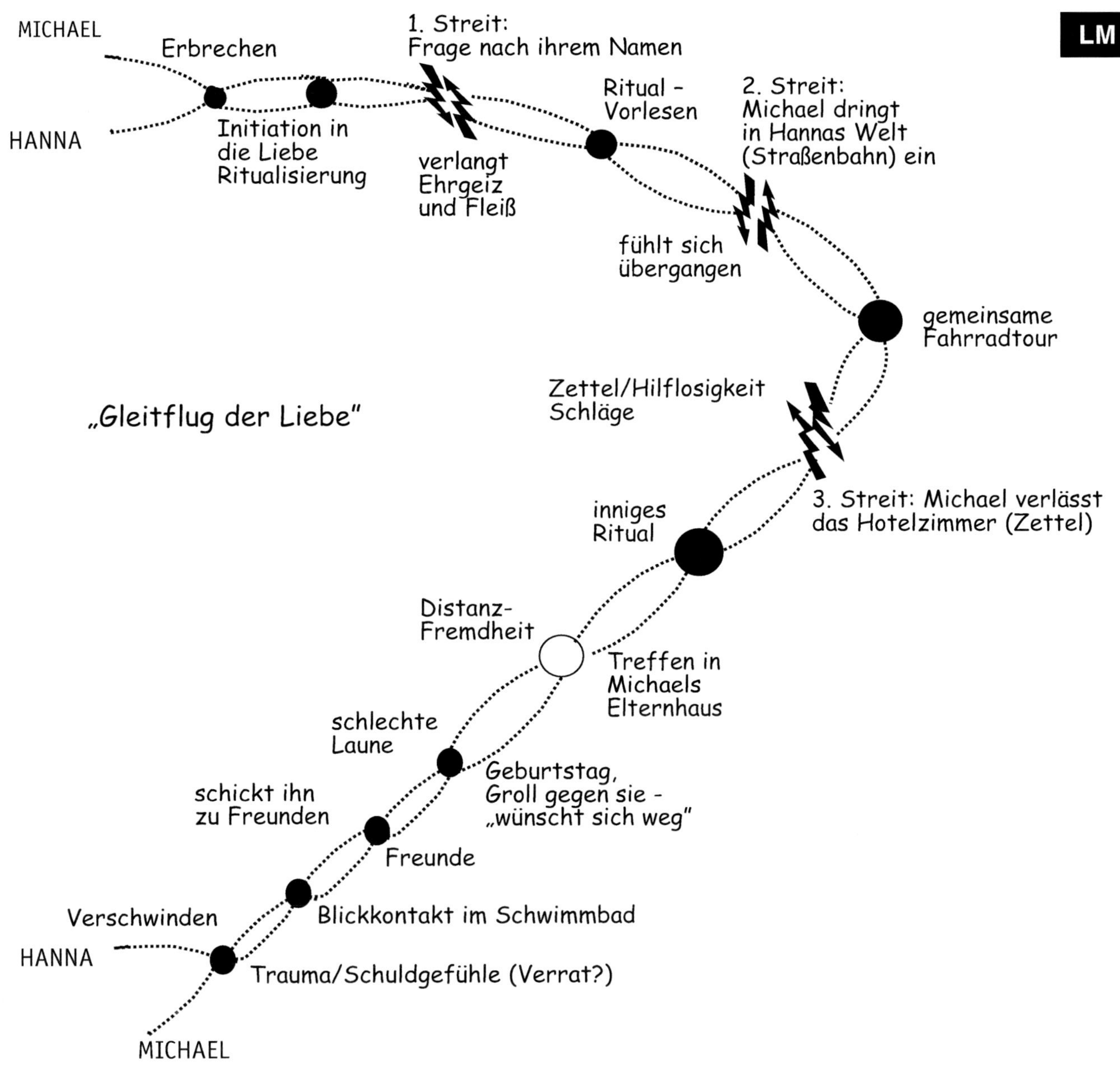

ZM

Bedeutung der Beziehung
... für Michael

Michael beschreibt Hanna als äußerlich eher unauffällig: ein kräftiger Körper, grobe Züge, eine hohe Stirn, insgesamt ein blasser, ‚hausbackener' Typ. Lediglich die vollen Lippen weisen auf eine gewisse Erotik und Fraulichkeit hin.
Sie spricht wenig, aus dem kommunikativen Austausch kann die Zuneigung kaum entstanden sein; gemeinsame Themen wird es nicht häufig geben, politische oder gesellschaftliche Themen sind für Hanna wie Michael nicht vorhanden. Diesbezüglich leben und kommunizieren beide wie in einer geschlossenen Kapsel.
Was Michael definitiv anzieht, ist Hannas Haltung beim An- und Ausziehen der Strümpfe. Ihre geschmeidigen Bewegungen, ihre Konzentration beim Ankleiden erwecken seine sexuellen Fantasien und damit das Bedürfnis, diese auszuleben. Sie eröffnet ihm den Zugang in die Welt der Sexualität, indem sie seine Wünsche erkennt und ausspricht, seine sexuellen Träume umsetzt und ihm durch ihre

Direktheit die Hemmungen nimmt, die seinem Alter angemessen sind.
Insgesamt beschreibt Michael Hanna selten, erinnert sich aber an einzelne Bilder, durch die er sie charakterisiert. Über charakterliche Eigenschaften äußert sich der Ich-Erzähler nicht direkt. Er versucht nicht, Hannas Eigenschaften zu beschreiben, ihre Stärken oder Schwächen hervorzuheben – er lässt Situationen für sich sprechen, deutet sie nicht aus, obwohl er schon in jungen Jahren sein eigenes Verhalten reflektierend betrachtet oder in Frage stellt.

Sich auf eine Beziehung zu einer Frau, die man kaum kennt, einzulassen, scheint bezüglich der Initiation in die Liebe leichter zu sein, als erste Experimente mit einer Schulkameradin durchzuführen. Michael verliert schnell seine Scham, weiß, dass die Beziehung ein Geheimnis bleiben wird und kann sich mit diesem Wissen leichter fallen lassen. Er hat einerseits die Gewissheit, dass niemand etwas darüber erfahren wird, andererseits die Gewissheit der Führung von Hanna, die ihm den Weg weist und ihn auf alle Fälle körperlich befriedigt. Dafür nimmt er eine mehr oder minder ausgeprägte Fremdbestimmung in Kauf.
Die ritualisierten Begegnungen geben seinem Alltag eine Struktur und einen gewissen Halt. Um Hanna überhaupt heimlich besuchen zu können, muss er zurückkehren in die Schule und seinen Schülerpflichten nachkommen. Michael hat Verlangen nach diesen Glücksmomenten und lebt nach dem Motto ‚Erst die Arbeit, dann das Vergnügen', das Hanna ihm sozusagen auferlegt, zielorientiert und strebsam auch für die Schule. Er organisiert seinen Tagesablauf derart, dass er Hanna, die in der Straßenbahn Schichtarbeit verrichten muss, täglich treffen bzw. aufsuchen kann. Dieser Einsatz führt dazu, dass er gute schulische Leistungen erreicht, seine Genesung schnell fortschreitet und er aus der Liebe und Zuneigung Kraft und Zuversicht schöpft. Man könnte die These aufstellen, dass Michaels Krankheitsbild sich nicht so schnell verändert hätte, wäre er nicht auf Hanna gestoßen. So bedeutet sie nicht nur Initiation in die Liebe, sondern auch Rückkehr in den Alltag und die damit verbundenen Pflichten.
Dem Ich-Erzähler liegt sehr viel an der Beziehung zu Hanna. Er ist emotional beteiligt, geradezu überwältigt von der ersten Liebe, die er empfindet, und lässt sich dementsprechend auch von Hanna emotional erpressen. Er investiert und opfert viel für sie. Während Hanna am Anfang eine Anstrengung macht und Michael fürsorglich hilft, ihm zur Seite steht und ihn nach Hause bringt, kämpft er immer wieder um sie und ihre Liebe:

- er lernt für die Schule
- er plant eine Fahrradtour
- er verkauft seine Briefmarkensammlung, um die Reisekosten begleichen zu können
- er stiehlt für die Schwester, um eine Woche alleine zu Hause sein und Hanna einladen zu können
- er kocht für Hanna, als sie ihn in seinem Elternhaus besucht
- er schenkt ihr ein für sie gestohlenes Nachthemd

Michael Berg muss die Beziehung in seinen Schüleralltag integrieren und verheimlichen, was ihn dazu bringt, seine Familie und später seine Freunde anzuschwindeln bzw. Ausreden zu erfinden, um nicht die Wahrheit sagen zu müssen. Er betreibt einen ungeheuren Aufwand, Hanna etwas bieten zu können, ihr den Platz in seinem Leben einzuräumen, den er ihr zugestehen möchte. Sie ist für ihn zu Beginn der Mittelpunkt seines Teenagerdaseins. Als der ‚Gleitflug der Liebe' einsetzt, tritt zeitgleich eine Verschiebung von Michaels Interessen ein. Wichtig ist nun die Reintegration in die Klassengemeinschaft als Resozialisation in die Gesellschaft. Dabei bleibt für Hanna nicht genügend Zeit. Auch die strategische Vorgehensweise des Jungen, die zum Ziel hat, die Liebestreffen zu verheimlichen, wird stetig aufwändiger, da Freunde nachfragen und Vermutungen anstellen. Dieser mühevollen Belastung hält er nicht stand, sodass er künftig alles ‚laufen' lässt,

nachlässiger Hanna gegenüber wird und zumindest keinen Energieaufwand mehr betreibt, um die Beziehung aufrechtzuerhalten.
Die Metapher des ‚Gleitflugs der Liebe' (S. 67) verbildlicht diese mangelnde Anstrengung sehr gut. Das aktive, energiegeladene Aufsteigen zieht ein passives, zufriedenes, leichtes und nicht ermüdendes Gleiten nach sich. Die Richtung allerdings geht abwärts, sodass keine weiteren Höhepunkte zu erwarten sind. Man springt von einer Anhöhe, es geht spiralenförmig abwärts – und man kann die Richtung nicht völlig bestimmen. Man lässt die Dinge laufen, nimmt kaum noch Einfluss auf den Verlauf und genießt den Weg, der ein Ende absehen lässt. Einem Gleitflug entspricht auch das Wohlgefühl, die vorhandene Vertrautheit auf beiden Seiten, das wohlbekannte Ritual.
Indem der Gleitflug abrupt beendet wird, bleibt Michael traumatisiert zurück, während Hanna unauffindbar verschwindet. Michael hat weder Abschied nehmen noch die Beziehung verarbeiten können. Was bleibt, sind Schuldgefühle, die er nur verdrängen kann, da er keine Chance erhält, sich mit Hanna auszusprechen oder überhaupt je mit ihr über seine Gefühle, das Empfinden von Verrat, gesprochen zu haben. Eine Konfliktlösung hätte sich für ihn in einem Gespräch geboten, möglicherweise in der Absolution durch Hanna, die ihn in gutem Einvernehmen verlässt.

... für Hanna

Da die Liebesbeziehung zwischen Hanna und Michael allein aus der Perspektive des Ich-Erzählers beschrieben wird, ist es nur bedingt möglich, deren Bedeutung für Hanna zu erfassen. Wenige Indizien lassen auf ihre Gedanken und Gefühle schließen. Dennoch ist es zu befürworten, auch ihre Perspektive zu ergründen und diese ‚Leerstelle' zu füllen, um Michaels Sicht zu ergänzen.
Betrachtet man die Konfliktsituationen zwischen Hanna und Michael, ist festzustellen, dass Hanna sich nicht kontinuierlich um den Erhalt der Beziehung bemüht. Sie ist von Anfang an anscheinend gleichgültig und über die Situation erhaben, nimmt Michael als eine Art Geschenk, das ihr den Alltag verschönt, bleibt emotional – so zumindest der Anschein – distanziert und übt hin und wieder ein Machtspiel aus, dessen Ausgang für sie nicht wirklich berechenbar ist: „[...] obwohl sie mich immer wieder zurückwies und ich [Michael] mich immer wieder erniedrigte." (S. 65). Durch ihr zurückweisendes Verhalten schafft Hanna sich die Distanz, die sie benötigt, um leben zu können.
Eingeschlossen in ihren kleinen Lebensraum, offenbar ohne Bezugspersonen, Freizeitbeschäftigungen oder weiterführende Interessen, ist für sie die Beziehung zu Michael in vielerlei Hinsicht eine Erfüllung. Sie lebt in der Gegenwart, verdrängt die Vergangenheit ebenso wie die Zukunft. Sie ist nicht zielorientiert, hat aufgrund ihrer geringen gesellschaftlichen Integration weder berufliche noch private Perspektiven.
Möglicherweise hängt sie emotional sehr an Michael, ist aber so realistisch eingestellt, eine langjährige Beziehung aufgrund der unterschiedlichen Lebenssituation auszuschließen, und distanziert sich deshalb frühzeitig. Vielleicht sieht sie es auch als Herausforderung an, Michael in die Liebe einzuführen, die Initiation zu vollbringen und gleichzeitig ihre sexuelle Begierde zu stillen. Indem sie von Michael gebraucht und geliebt wird, erfährt sie eine neue Daseinsberechtigung, kann sie ihren sonst eher tristen Tagesablauf strukturieren und gleichzeitig ihre soziale Kontaktarmut kompensieren.
Daneben ist ihre Grundhaltung, die ständige Bereitschaft zu fliehen (sie besitzt z. B. keine eigenen Möbel), wenn ihre Entlarvung als Analphabetin bevorsteht, wesentlich für ihre Einstellung zu Michael verantwortlich. Die Gefahr, durch Michael mit anderen Menschen konfrontiert zu werden und sich in dem Sinne bewähren zu müssen, dass sie stets auf Fragen und ein Eindringen in ihre Privatsphäre gefasst sein muss, ist relativ gering. Seine neugierigen Fragen blockt sie ab.

Ihre Fürsorge bezüglich Michaels schulischer Leistungen könnte man dahingehend interpretieren, dass sie vielleicht eine Art Mutterinstinkt empfindet.
Dass sie sich keinen gleichaltrigen oder älteren Partner sucht, liegt wohl an ihrer Unsicherheit und dem Defizit der Schreib- und Leseschwäche. Einem erwachsenen Mann gegenüber würde sie sich vermutlich nicht gewachsen fühlen, da dieser möglicherweise eher hinter ihr Geheimnis kommen und auch ihre Vergangenheit hinterfragen würde. Dieses Risiko schließt sie aus ihrer subjektiven Perspektive bei einem Jungen aus, der in der Pubertät mit seiner individuellen Persönlichkeitsentwicklung beschäftigt ist.
Man kann nicht behaupten, dass Hanna derartige Reflexionen anstellt und sich bewusst für Michael entscheidet, aber es spricht alles dafür, dass die Unterlegenheit eines Jugendlichen ihr eine solche Beziehung, die sie als gefahrlos empfindet, überhaupt erst möglich macht.

HE

Scheitern der Beziehung

Der Aspekt des Scheiterns der Beziehung zwischen Hanna und Michael wird im Roman selbst nicht eigens thematisiert. Dennoch sollten sich die Schüler damit auseinandersetzen, indem sie sich entweder in Hanna oder in Michael versetzen, um Gründe für das Scheitern zu finden, diese zu verstehen und zu reflektieren. In diesem Arbeitsabschnitt ist es von Bedeutung, die bisher erarbeiteten Aspekte wie z. B. die Charaktereigenschaften der Figuren zu berücksichtigen und einen Text in einem anderen Genre zu reflektieren. Ausschlaggebend ist dabei, eine eigenständige und subjektive Sichtweise zu finden, die aber mit den Figuren konform gehen muss. Der verfasste Text sollte sich dadurch auszeichnen, dass er der jeweiligen Figur zugeschrieben werden kann, authentisch wirkt und sich in den Gesamtkontext einfügt. Es versteht sich von selbst, dass Lücken und Leerstel-len fantasiereich ausgefüllt und ‚dazuerfunden' werden dürfen – die Basis bildet dennoch das Romangeschehen, wie es durch den Autor vorgegeben ist.
Zu beachten sind folglich nicht nur Charakterzüge und besondere Eigenschaften der Figuren, sondern auch Sprachvermögen, Syntax und Wortwahl.
Es bietet sich im Anschluss an die Kreativphase an, die Schüler ihre Ergebnisse untereinander austauschen zu lassen. So könnten andere den Text rezensieren und gegebenenfalls Anmerkungen dazu machen. Es sollte darauf geachtet werden, dass die Schüler nicht allein ‚misslungene' oder dem Kontext zuwiderlaufende Textpassagen kritisieren – also solche, die sich sprachlich, inhaltlich oder logisch kaum in den vorhandenen Kontext integrieren, sondern auch gelungenen Ergebnissen Beachtung schenken.
Plausible Handlungs- und Denkansätze, die Schüler anführen könnten, sind folgende:

LM

Mögliche Gründe für das Scheitern der Beziehung:

Hanna

- unterschiedliche Lebenswelten
- keine Bindung / Verpflichtung für den Jungen sein wollen
- anerkennt notwendige Entwicklung von Michael
- Flucht aus Angst sich bloßzustellen
- wachsende Ohnmacht gegenüber Michael
- Enttäuschung über Distanzierung / Zurücksetzung gegenüber seinen Altersgenossen
- verletzt über …

Michael

- unterschiedliche Interessen
- Altersunterschied
- verschiedene Erwartungen an das Leben
- Routine / Ritual der Liebe – Gewohnheit, Langeweile
- zu viel Stress neben Schule und Elternhaus
- Zeitmangel
- keine Möglichkeit, die Beziehung in der Öffentlichkeit auszuleben
- Liebe zu einer Mitschülerin
- Gefühl der Unterlegenheit überwinden wollen
- Unabhängigkeit erreichen

Perspektiven einer Beziehung

LM

Der erste Teil des Romans endet sehr spannend, da die weiteren Lebensläufe von Hanna bzw. Michael nicht einmal angedeutet werden. Der offene Schluss des ersten Romanteils reizt den Leser zum Nachdenken über das weitere Schicksal der Hauptfiguren wie zum Weiterlesen. Die Einteilung des Romans legt eine antizipierende Überlegung hinsichtlich der Lebensperspektiven der Hauptfiguren nahe.

Der mögliche weitere Lebensverlauf von Hanna und Michael

Hanna

- verlässt die Stadt
- wendet sich einem Mann zu, heiratet, hat eine Familie
- sucht sich einen neuen Schützling
- lebt ein Single-Dasein in Einsamkeit
- verunglückt mit der Straßenbahn

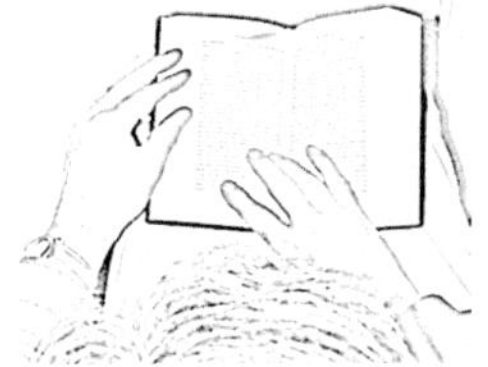

Michael

- verliebt sich in eine Mitschülerin und vergisst Hanna
- macht Abitur und studiert
- fühlt sich ein Leben lang zu älteren Frauen hingezogen
- scheitert in seinen weiteren Beziehungen
- führt eine ganz normale Ehe mit einer gleichaltrigen Partnerin
- wird homosexuell
- bricht die Schule ab und macht eine handwerkliche Lehre
- begeht Selbstmord
- wird Hanna irgendwann wiedersehen – kurzes Gespräch, wieder Trennung

5. Planspiel: Der Prozess gegen Hanna

Das Planspiel gibt der Lerngruppe die Möglichkeit, sich spielerisch in unterschiedliche Personen hineinzuversetzen und eine neue Situation zu erdenken. Obwohl man nicht davon ausgehen kann, dass die Schüler gerade Schlinks Geschichte vorwegnehmen, ist es wichtig, sie für diese ungewöhnliche Situation zu sensibilisieren. Die Begegnung von ehemals Liebenden in einem Gerichtssaal, aber in unterschiedlichen Positionen – sie als Angeklagte und er als unbeteiligter Zuschauer – gleicht einem unerhörten Ereignis im Sinne der Novelle.
Das Rollenspiel gibt den Schülern die Möglichkeit – auch hinsichtlich der filmischen Umsetzung einer Szene am Ende der Unterrichtseinheit – Überlegungen zu Dialogen, Körperhaltung sowie dem Miteinanderspielen (spontane Reaktionsfähigkeit) anzustellen und diese umzusetzen. Eine Meinung äußern, ein Thema diskutieren bzw. erörtern und einen Tatbestand spielerisch präsentieren sind Aufgaben, die die Schüler während ihrer Schülerlaufbahn bereits mehrfach gelöst haben. Wichtig ist, dass die Argumentation der einzelnen Rollenträger durchgesprochen und aufeinander abgestimmt wird, damit es keine Diskrepanzen gibt. Die jeweiligen Rollenträger sollten auch ihre Argumentationsstrategien durch entsprechende Mimik und Gestik verstärken.
Darüber hinaus ist es wichtig, sich mit dem Verlauf eines Strafprozesses auseinanderzusetzen. Sollten die Schüler noch keine Kenntnisse der deutschen Strafprozessordnung aus dem Politik- oder Gemeinschaftskundeunterricht haben, bietet sich der angelsächsische Strafprozess an, der ihnen aus vielen Fernsehproduktionen geläufig sein dürfte. Es kommt nicht so sehr darauf an, juristische Floskeln und die Sprache im Gerichtssaal zu treffen, als vielmehr die verschiedenen Positionen klar zu formulieren und spielerisch überzeugend darzustellen.
So werden Augenzeugen von damals emotional erregt berichten und keinerlei Verständnis für etwaige mildernde Umstände aufweisen, sondern im Gegenteil anklagen und die Höchststrafe einfordern.
Während der Staatsanwalt im Sinne des Gesetzes handelt und argumentiert und – ausgehend von der Schuld der Angeklagten – doch eine sachliche Betrachtungsweise unter Berücksichtigung des Für und Wider anstrebt, sind die Angeklagten nebst ihren Anwälten darum bemüht, mildernde Umstände zu erreichen. Dies versuchen sie in der Regel durch Entlastungsstrategien, die Schlagworte wie Notwehr, Zwangslage, psychische Überforderung, Nichtwissen etc. beinhalten. Der Richter sollte ein plausibel begründetes Urteil fällen, das im Rahmen der bekannten Prozesse innerhalb der vergangenen 50 Jahre authentisch wirkt und nachvollziehbar ist.
Entscheidend für das Rollenspiel – sei es die Gerichtsverhandlung, sei es die Talkshow – sind die argumentativen Strategien und eindeutigen Positionen hinsichtlich des Tatbestands. Gelingt das Rollenspiel, sind die Schüler derart mit der Thematik vertraut, dass sie den in Teil zwei des Romans beschriebenen Prozessverlauf mit Leichtigkeit verfolgen können. Sie sind sensibilisiert für die Bedeutung von Sprache und Argumentation sowie den möglichen Verlauf eines Strafprozesses.
Gleichzeitig ist die Neugierde und Spannung erhöht, weil die Frage nach dem tatsächlichen Verlauf und Ausgang der Gerichtsverhandlung in dem Romangeschehen noch offensteht.

Tipp:

Ekkehard Felder: *„Alles, was recht ist! – Juristisches Argumentieren“.* In: *Praxis Deutsch, Zeitschrift für den Deutschunterricht*, Heft 160, März 2000, S. 38–44.
Hier handelt es sich um eine Fallbesprechung unter Berücksichtigung unterschiedlicher Perspektiven, der Anklageschrift nebst Gesetzeswortlaut, dem Ablauf einer Hauptverhandlung sowie dem Schlussplädoyer der Hauptverhandlung und der Urteilsverkündung in einer simulierten Gerichtsverhandlung.

III. Teil zwei des Romans

1. Der Prozess
Betäubtsein

Der Prozess wird für Michael vor allem durch die Anwesenheit von Hanna zu einem besonderen Ereignis, das ihn so bannt, dass er täglich an den Sitzungen teilnimmt im Unterschied zu seinen Kommilitonen, die ihnen ein- bis zweimal wöchentlich beiwohnen. Um sich nicht emotional auf die Situation und Hanna einzulassen, verschanzt er sich hinter einem Schutzwall aus Gefühlskälte und Unnahbarkeit, den er seit Hannas Verschwinden kontinuierlich auf- und ausgebaut hat. Der Zustand des „Betäubtseins" (S. 96 ff., auch 160 ff.), den er bewusst pflegt, ermöglicht Michael, mit der außergewöhnlichen Situation distanziert und selbstsicher umzugehen.
Das ‚Betäubtsein' panzert ihn gegen seelische Verletzungen wie gegen körperliche Verwundbarkeit. Michael schaltet seine Gefühle, seine Empfindsamkeit aus. Er möchte sich nicht auf Menschen und Ereignisse einlassen, keine Verantwortung übernehmen und mit anderen leiden müssen. Daher kann er seine Umgebung zwar sehr genau wahrnehmen, aber emotional alles an sich abgleiten lassen und sich hinter seinem Schutzwall sicher fühlen. Auch physisch fühlt er sich somit unantastbar. Er spürt seine Haut nicht mehr, wenn er sie berührt.
In der Sagenwelt finden wir ähnliche Figuren: Siegfrieds Bad im Drachenblut, das ihn fast unverwundbar werden lässt, oder der griechische Held Achilles, der ebensolche Unverletzbarkeit vorweist.
In der Medizin stellen Psychologen häufig fest, dass ‚Abwehr' als Mechanismus bei Schuldgefühlen oder seelischem Schmerz aktiviert wird. Das Problem besteht darin, dass die aus dem Bewusstsein verdrängten kognitiven und emotionalen Inhalte dennoch unterschwellig aktiv bleiben, weil der Konflikt nicht gelöst worden ist. Das wiederum erfordert verstärkte Abwehrmechanismen, die sich bis zur Krankheit entwickeln können.*) Trotz ähnlichen Verhaltens ist Michaels Fall nicht als pathologisch einzustufen, da er sich einerseits seiner Abwehrmechanismen bewusst ist, andererseits nicht erheblich in seiner individuellen Selbstentfaltung eingeschränkt ist.
Damit die Schüler das Gefühl des ‚Betäubtseins' nachempfinden können, sollten sie versuchen, sich mittels der Ich-Perspektive erzählend oder reflektierend in Michael hineinzuversetzen. Die Ambivalenz seines Verhaltens besteht darin, dass Michael sich nicht von dem Prozess fernhält und durch Verzicht abschirmt, sondern sich gerade täglich mit dieser Situation konfrontiert, die eigentlich einen verstärkten Abwehrmechanismus und eine verstärkte Intellektualisierung als Schutzmechanismus hervorruft.
Möglicherweise erhofft er sich eine Konfliktlösung dergestalt, dass er durch die erneute Begegnung mit Hanna die ehemals plötzlich abgebrochene Beziehung angemessen beenden und endgültig abschließen kann. Doch im Vordergrund steht für Michael der Umgang mit dem Prozessverlauf, den Akten und vor allem der schuldig gewordenen Hanna, die er einst geliebt hat.

*) Vgl. Stavros Mentzos: *Neurotische Konfliktverarbeitung*. Frankfurt am Main, 1989.

SH18

HE

Michaels Verarbeitung der Gerichtsverhandlung

Übersicht über Teil zwei des Romans

Gerichtssaal
1, 2, 3, 4, 5, 6, 7
Darstellung der Zeitzeugen
8
Darstellung von Hanna
9
Spaziergang und Erkenntnis von Hannas ‚Lebenslüge'
10
Gerichtssaal
11
Gespräch mit dem Vater
12
Träume
13
Natzweiler-Struthof
14, 15
Gespräch mit dem Richter
16
Urteil
17

Trotz des erfolgreich geschaffenen Schutzwalls ist Michael Berg, der Jurastudent, intensiv mit dem Prozessverlauf und der Vergangenheit von Hanna beschäftigt. Tagsüber reflektiert und analysiert er, nachts verarbeitet er seine ‚Bilder' und Eindrücke in Träumen.

Er empfindet sich nicht als bloßen Zuschauer, sondern als „Mitspieler" (S. 131). In dieser Rolle überlegt Michael, ob und wie er aktiv in die Entwicklung des Verfahrens eingreifen könnte. Er startet unterschiedliche Unternehmungen, durch die er sich eine positive Auf- bzw. Verarbeitung der erneuten Konfrontation mit Hanna erhofft.

Von Natur aus eher passiv und abwehrend, um mit seinem Bild zu sprechen ‚betäubt', gerät er nach und nach in Bewegung: Spaziergänge, Fahrten in ein in den Vogesen gelegenes Lager, Wege zu Menschen, von denen er sich Rat erhofft, demonstrieren seine Unruhe und Umtriebigkeit, aber auch seine Hilflosigkeit, da er letztlich doch ein ‚Zuschauer' bleiben muss. Im Folgenden sollen die unterschiedlichen Ebenen, auf denen Michael sich mit der Gerichtsverhandlung auseinandersetzt, betrachtet werden: *Verarbeitung* durch Reflexionen und Träume, *Aufarbeitung* durch Gespräche, *Verinnerlichung* durch Besuche in einem Lager. Alle Ansätze implizieren die eigene Schuldfrage, das Schuldigwerden durch eine frühe Liebe zu einer Verbrecherin, die er als solche nicht erkannt hat.

LM

Spaziergänge (S. 125–129)

Der Drang, in die Natur auszuweichen und lange Spaziergänge zu machen, legt die Vermutung nahe, dass Michael nach der räumlichen Enge im Gerichtssaal weiten Raum sucht, Freiheit und sinnliche Wahrnehmung wie Farben und Gerüche als kompensatorisches Element genießt. Dort in der Natur, auf dem Philosophenweg, am Flussufer, auf dem Heiligenberg oder Richtung Michaelsbasilika und Bismarckturm, hofft er, Antworten auf seine Fragen zu finden. Michael geht in die Vergangenheit zurück und entdeckt plötzlich das Geheimnis von Hanna: Hanna ist Anal-

phabetin. Die Erkenntnis ist einleuchtend und erklärt viele ihrer rätselhaften, ja verstörten Verhaltensweisen und Reaktionen auch sieben Jahre zuvor. Als Michael dieses Geheimnis lüftet, als ihm ein Licht aufgeht, geschieht in seiner Wahrnehmung der Natur Entsprechendes:
„So war es auf einem Weg, der steil den Berg hinansteigt, die Fahrstraße überquert, einen Brunnen passiert und zuerst unter alten, hohen, dunklen Bäumen und dann durch lichtes Gehölz führt." (S. 126). *)
Naturbeschreibung als Spiegel des Gefühlszustandes des Ich-Erzählers ist eine in der Dichtung häufig eingesetzte Bildlichkeit. Die Natur dient als Kontrast oder Ergänzung der Stimmungen Michaels, hervorgehoben durch wortmalerische und (farb)adjektivreiche Beschreibungen (S. 45–47, 52 f., 90, 125 f., 148–150, 152, 168, 184, 194, 199).
Die Erkenntnis von Hannas Defizit drängt Michael zum Handeln. So tut sich die Frage nach Intervention, der Wunsch nach Klärung des Sachverhalts – dass nämlich Hanna den Bericht nicht geschrieben haben kann – durch die sie in jedem Fall entlastet würde, nach Wahrheit und Gerechtigkeit auf.

Gespräche

Diskussionen unter den Studenten (S. 86–89)

Ganz natürlich im Rahmen der Aufarbeitung der Thematik von Schuld und Sühne sowie Kollektivschuld sind die Diskussionen unter den Studenten, die an dem Prozess teilnehmen. Angesichts ihrer mangelnden Involvierung in die damaligen Ereignisse stimmen sie darin überein, dass die nationalsozialistischen Verbrecher ebenso wie die nachfolgende Generation, die sich nicht angemessen für eine rechtmäßige Verurteilung der Kriegsverbrecher eingesetzt hat, im ethischen Sinne genauso zu verurteilen sei. Es bildet sich eine Gruppenidentität heraus; gleichzeitig legt das Wir-Gefühl der Studenten in der Beschreibung von Michael nahe, Assoziationen mit dem Dritten Reich, der Massenbewegung und der ideologischen Identifikation eines Volkes herzustellen.
Im Laufe der Diskussion, in der zahlreiche Fragen aufgeworfen werden, die unbeantwortet bleiben, stellt sich heraus, dass es ein Kollektivmodell der Schuldzuweisung und -aufarbeitung nicht gibt und jeder seine eigene Auseinandersetzung mit diesem Aspekt führen muss. Diese Erkenntnis bringt Michael dazu, sich Rat von außen zu suchen.

Gespräch mit dem Vater (S. 134–139)

Das Dilemma, das sich für Hanna hinsichtlich der Behauptung der übrigen Angeklagten, sie habe die Berichte im Lager verfasst, auftut, ist nun auch eines, das Michael betrifft. Mit der Erkenntnis wird er zwar noch kein „Mitspieler", aber ein ‚Mitwisser', der insofern Verantwortung trägt, als er zur Aufklärung einer Unwahrheit beitragen kann und dem ethischen Verständnis nach sogar muss. Erneut ist es die Diskrepanz zwischen Denken und Handeln, die ihn unsicher und hilflos macht. So sucht er seinen Vater auf, obwohl die Beziehung zwischen ihnen seit Michaels Kindheit väterlicherseits von Desinteresse und Distanz geprägt ist. Vielleicht erhofft sich Michael gerade bei ihm eine Handlungsanweisung, weniger weil er Vater als vielmehr Denker und Philosoph ist.
Der erhoffte Impuls bleibt aus: Michael erinnert sich angesichts des Treffens an die Kindheit und das damalige Vaterbild. Die familiäre Situation wird auch im Gespräch mit dem Vater thematisiert. Einblicke in die Vergangenheit verwehren den Ausblick auf die aktuellen Probleme. Die Abstraktion und wissenschaftstheo-

*) Hervorhebungen von der Autorin vorgenommen.

retische Diskussionsebene des Vaters bieten dem Sohn keine Orientierungshilfe. Beide wissen, dass eine Annäherung zwischen ihnen auch künftig nicht möglich sein wird: Mit dem Versagen des Vaters hinsichtlich der Bedürfnisse seines Kindes korrespondiert die Enttäuschung des Sohnes.
Es drängt sich dem Leser der Gedanke auf, dass Hanna nicht allein für die Entwicklung von Michael verantwortlich gemacht werden kann, sondern in stärkerem Maße noch dessen Vater, der sich in seinem Arbeitszimmer verschanzt hat, vor dem seine Kinder genauso wie seine Studenten warten mussten, um ihn sprechen zu können. Auch er hat mit der Beziehungsunfähigkeit von Michael zu tun und schon in frühester Kindheit Emotionen und deren Ausbildung abgewehrt, vielleicht sogar verhindert. (vgl. S. 74)

Gespräch mit dem Richter (S. 153–155)

Als „Ersatzvater" und „Entscheidungsinstanz" sucht Michael zuletzt den Richter auf, der dem Prozess vorsitzt. Aber auch dieses Gespräch scheitert daran, dass Michael seinen Vorsatz nicht in die Tat umsetzt und sein Problem bzw. sein Anliegen nicht zu verbalisieren vermag, sondern lediglich auf die Impulse des Gesprächspartners reagiert. Das Gespräch verläuft auf *Small-Talk*-Ebene: Der Richter stellt Michael Fragen über sein Studium und seine beruflichen Zukunftspläne, die dieser beantwortet. Michael empfindet erneut wie bei seinem Vater seine Ohnmacht und fällt in den Zustand des Betäubtseins zurück. Er verlässt den Richter, ohne auch nur eine Andeutung über Hannas Behinderung zu machen. Damit kapituliert der Ich-Erzähler endgültig, indem er sich selbst beweist, dass Kommunikation keine Lösungswege bietet und kein Heilmittel ist. Diese Einstellung, die er ein Leben lang vertreten wird, findet er wieder bestätigt.

Träume (S. 140–143)

Michaels bisherige Auseinandersetzung mit dem Prozess und der nationalsozialistischen Vergangenheit von Hanna findet auf einer intellektuell-abstrakten Ebene statt: Er diskutiert über Schuld und Kollektivschuld, er wägt ab, inwieweit ein Mensch der Wahrheit verpflichtet ist, er setzt sich mit dem Thema Konzentrationslager auseinander.
Was er nicht zulässt, ist die emotionale Auseinandersetzung mit Hanna, seiner ehemaligen Geliebten. Zwar empfindet er eine Mitschuld, ausgelöst durch das damalige Liebesverhältnis, aber er macht sich keine Gedanken über Hannas psychischen Zustand, ist nicht zu einem Mitempfinden fähig, hinterfragt nicht einmal den Wahrheitsgehalt der ihr vorgeworfenen Taten, zieht keine Unschuld oder Verwechslung in Betracht.
So kommt Hanna in seine Träume, vermischt sich mit herkömmlichen Klischees und mutiert zum Monster. Bilder aus der Vergangenheit vermischen sich mit Bildern von brutalen, grausamen Aufseherinnen, die die Lagerinsassen quälen und foltern: Ihr ehemals herbes Gesicht ist hart, die vollen Lippen sind schmal, die Augen sind nicht mehr blassblau, sondern kalt, ihre grausame und hässliche Art spiegelt sich in einer „hässlichen Fratze" wider. Die Geschmeidigkeit, die Michael als Junge an ihr anziehend gefunden hat, ihre Haltung beim Strümpfeanziehen zum Beispiel (S. 17), erscheint in den Träumen verzerrt, die Strümpfe ersetzt durch Stiefel, schwarze Uniform, Reitpeitsche – Hanna schreit und schlägt. Auch das Motiv des Vorlesens erscheint im Traum. Michael belasten nicht nur diese Bilder, die er des Nachts träumt, sondern vor allem die sexuelle Erregung, die er dabei verspürt, vergleichbar der sexuellen Erregung, die er als Junge empfunden hatte (S. 20). Auf diese Weise verstärken sich seine Schuld- und Schamgefühle. Um die Zerrbilder zu überwinden, möchte er ein Konzentrationslager besuchen, die Bilder an der Wirklichkeit korrigieren und damit vertreiben.

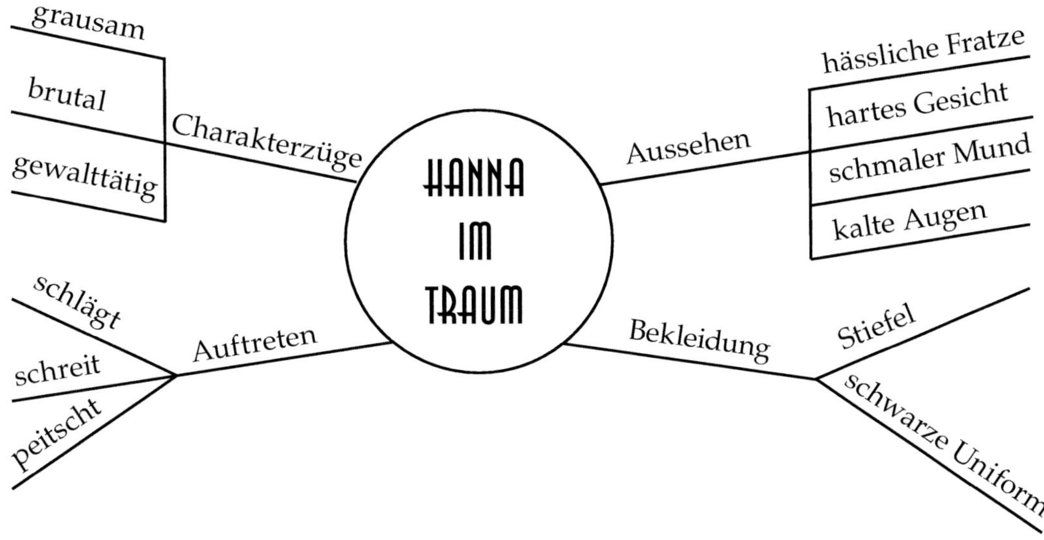

Besuch eines ehemaligen Konzentrationslagers (S. 144–152)

Michael begibt sich auf den Weg ins Elsass, zu dem ehemaligen Lager Natzweiler-Struthof.
Bevor er dort ankommt, trifft er beim Trampen auf einen Mann, der sich zum Thema Nationalsozialismus und Schuld äußert: Der beschreibt und analysiert das Morden ohne Schuldgefühle und führt Entschuldigungsversuche der Tätergeneration an. Für den Leser bleibt offen, ob er womöglich selbst zur Tätergeneration gehört oder mit gewisser Verachtung als ehemaliges Opfer über deren Motivation spricht. Auf alle Fälle macht der Fremde Michael keine große Hoffnung, das zu finden, was er sucht. So wird es auch kommen. Nachdem er erstmals während des Prozesses, als das Gericht für zwei Wochen nach Israel fliegt, das Konzentrationslager Natzweiler-Struthof besucht hat, schildert der Ich-Erzähler rückblickend das Versagen seiner Vorstellungskraft im Anschluss an einen zweiten Besuch im Lager Jahre später: Es ist unmöglich für ihn, sich das Lager voller Leben – eben authentisch – vorzustel-len, mit Häftlingen und Wachmannschaften. Eine große Leere überfällt ihn und die Frage nach der Befindlichkeit im Anschluss an einen Lagerbesuch tut sich für Michael wie für den Leser auf. Sein Verlangen, Verständnis für Hannas Handeln und die Verurteilung ihrer Taten in Einklang zu bringen, bleibt unerfüllt. Die Kli-schees der Hanna mit Stiefeln und Peitsche, die er erträumt hat, lassen sich nicht mit der Betrachtung eines ehemaligen Lagers korrigieren oder austreiben.
Auch diese Versuche, den Prozess und das Wiedersehen mit Hanna durch Anschau-lichkeit und Besichtigung der damaligen Wirkungsstätten zu verarbeiten, scheitern letztlich.

Die Frage nach alternativen Handlungsweisen oder anderen Reaktionen in Bezug auf den Prozess ist insofern naheliegend, als Michael tatsächlich aussichtsreiche Wege nicht beschreitet, die ihn aus seinem Dilemma hätten befreien können:

- ☞ das Seminar abbrechen und damit den Prozess aufgeben
- ☞ ein Gespräch mit Hanna suchen und sich aussprechen
- ☞ die Wahrheit über Hannas Schreibschwäche veröffentlichen und ihr damit helfen
- ☞ offen mit Freunden sprechen und den persönlichen Konflikt zu lösen versuchen

SH19

2. Verrat und Schuld

Klärung des Schuldbegriffes

HE

Um zu klären, was *Schuld* überhaupt bedeutet, muss sich jeder Einzelne erst einmal im Klaren darüber sein, wie er Schuld definiert und welche Beispiele ihm dazu einfallen.
Der persönliche Ansatz ist insofern ausschlaggebend, da die Dimension der Schuldhaftigkeit im Romangeschehen für Jugendliche schwer nachvollziehbar ist, zumal Mord und Todschlag – täglich sichtbar in Filmen und Computerspielen – in der Wahrnehmung heute nichts Außergewöhnliches sind. Ohne hier eine Pauschalisierung vornehmen zu wollen, muss man doch feststellen, dass die Bereitschaft zur Gewaltanwendung im privaten wie schulischen Bereich insgesamt stark zugenommen hat und die in den Medien diskutierten Fälle sehr junger Mörder keine Einzelfälle mehr bilden. Umso mehr ist die Frage nach dem persönlichen Schuldempfinden, der Wahrnehmung unterschiedlicher Kategorien von Schuld und Gründen für Schuld gerechtfertigt durch die Wichtigkeit dieses aktuellen und omnipräsenten politisch-gesellschaftlichen Themas.
Die Konfliktsituation, mit zugewiesener Schuld umzugehen, sie zuzugeben oder möglicherweise argumentativ zu widerlegen, ist ein zweiter Ansatz, durch den die Schüler sich persönlich betroffen fühlen müssen. Die unmittelbare Reaktion auf einen Vorwurf erfordert Reflexion, Abwägung der Situation, Auseinandersetzung mit Verantwortung und Schuld in einem Rahmen, der den Schülern nicht fremd ist. Die Schule als Raum sowie mögliche Erfahrungen aus ihrer Schülerrealität sind den Jugendlichen behilflich, realistisch zu reagieren, Konflikte und Schuld aus ihrer Erfahrungswelt abzuleiten.

Außerdem sind die heutigen Jugendlichen 2–3 Generationen vom 2. Weltkrieg entfernt. Sie können die Lage von Michaels Generation kaum nachvollziehen, der im Alter ihrer Großväter ist.

LM

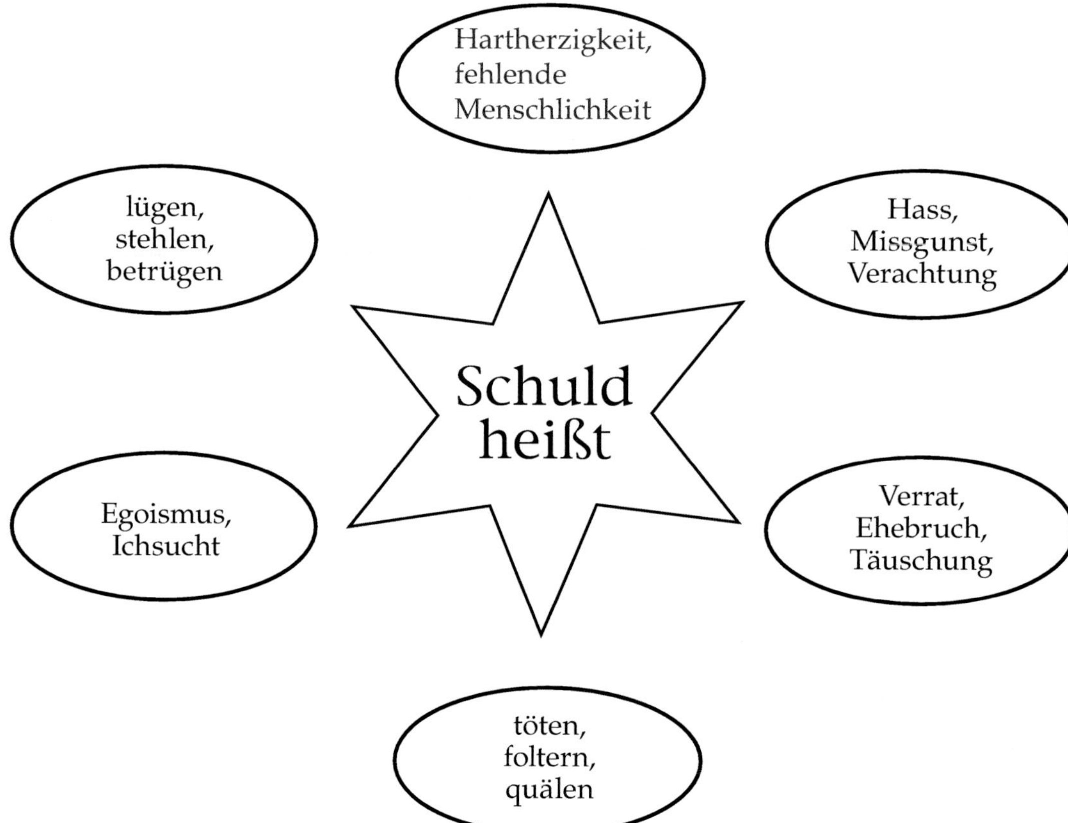

LM

Schuldbegriff	Schlüsselbegriffe	heutige Bedeutung
Schuld	juristischer Bereich Rechtsbruch Deliktsverwirklichung Strafbegründungsschuld	ist Basis für eine Gesellschaft Rechtsstaat
Schuldbewusstsein	moralischer Begriff Verstoß gegen sittliche Prinzipien moralische Verurteilung	Werteverfall tritt immer mehr in den Hintergrund
Schuldfähigkeit	Überprüfung der Zurechnungsfähigkeit (psychische Erkrankung, Notwehr, Zwangslage, ...)	häufig Anlass, Strafminderung zu erlangen
Kollektivschuld	Mitverantwortung Mitbetroffenheit durch Passivität kein Verhindern der Verbrechen, des Unrechts generationenübergreifend	heute noch umstrittener Begriff – vgl. 68er-Generation, Fischer-Affäre (Januar 2001) junge Generation lehnt jede Mitschuld/Mitverantwortung ab – Distanzierung, Gleichgültigkeit

Schuld und Argumentation

LM

Schüler 1	keine Absicht, der Bildschirm ist versehentlich durch Unachtsamkeit heruntergefallen: Entschuldigung suchen.
Schüler 2	wurde von anderen aufgefordert, die Tastaturen zu zerlegen – hat eigentlich gegen eigenen Willen gehandelt: Notlage, Gruppenzwang.
Schüler 3	Rache an der Technik im Affekt, da das Erhoffte nicht erreicht wurde – unkontrolliert – Unberechenbarkeit als Entlastung.
Schüler 4	hat nicht mitgemacht, sich bloss in dem selben Raum aufgehalten: Unschuld als Ausrede.

Reflexionen über Schuld und Schuldbegriff

Die folgenden Tafel- und Schaubilder entsprechen den Aussagen der Texte über Schuld von Groll, Fichtner, Bedürftig, Henkel sowie Jaspers (Schülerheft S. 21–23).

TA

Der Schuldbegriff des Strafrechts (Groll)

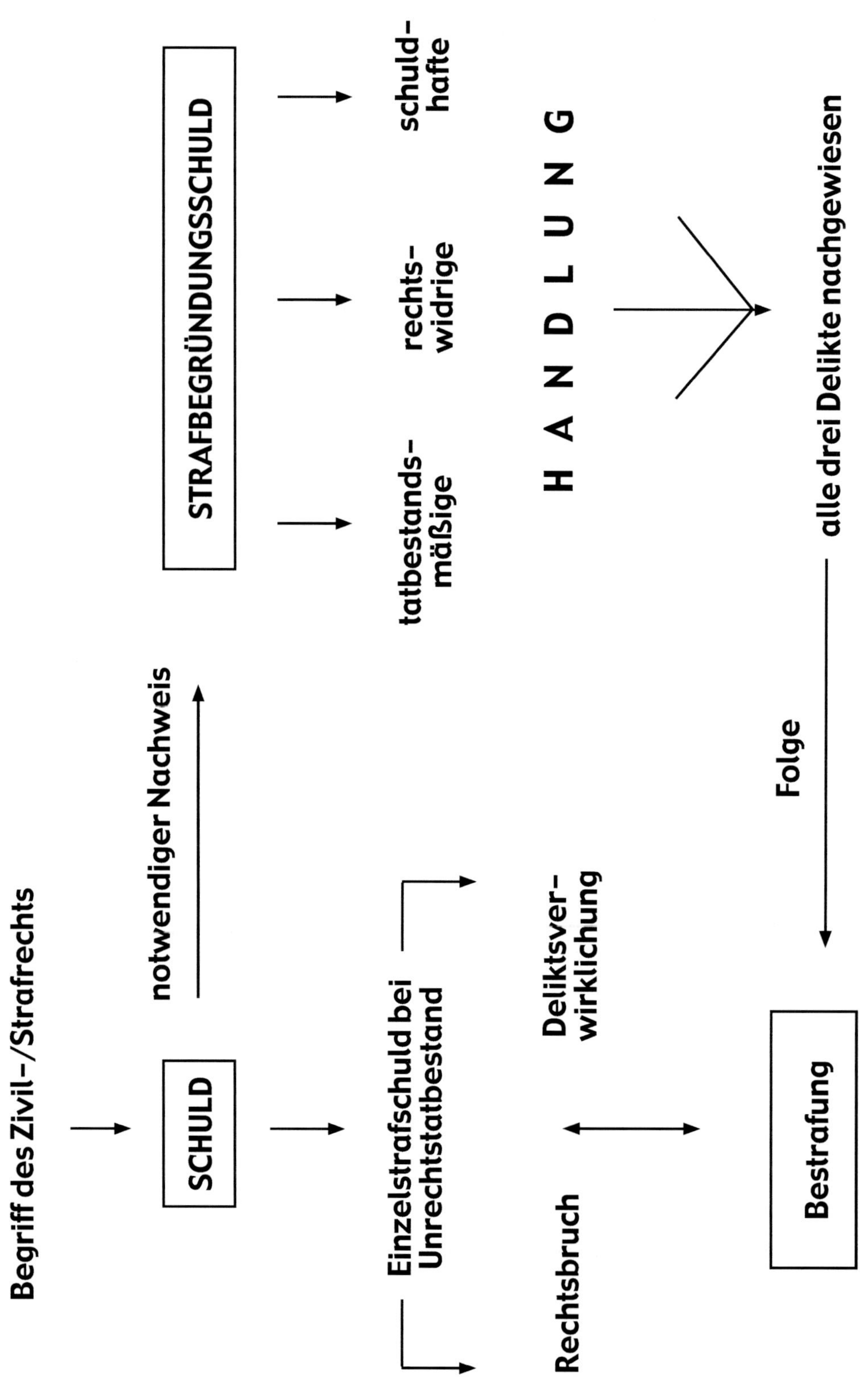

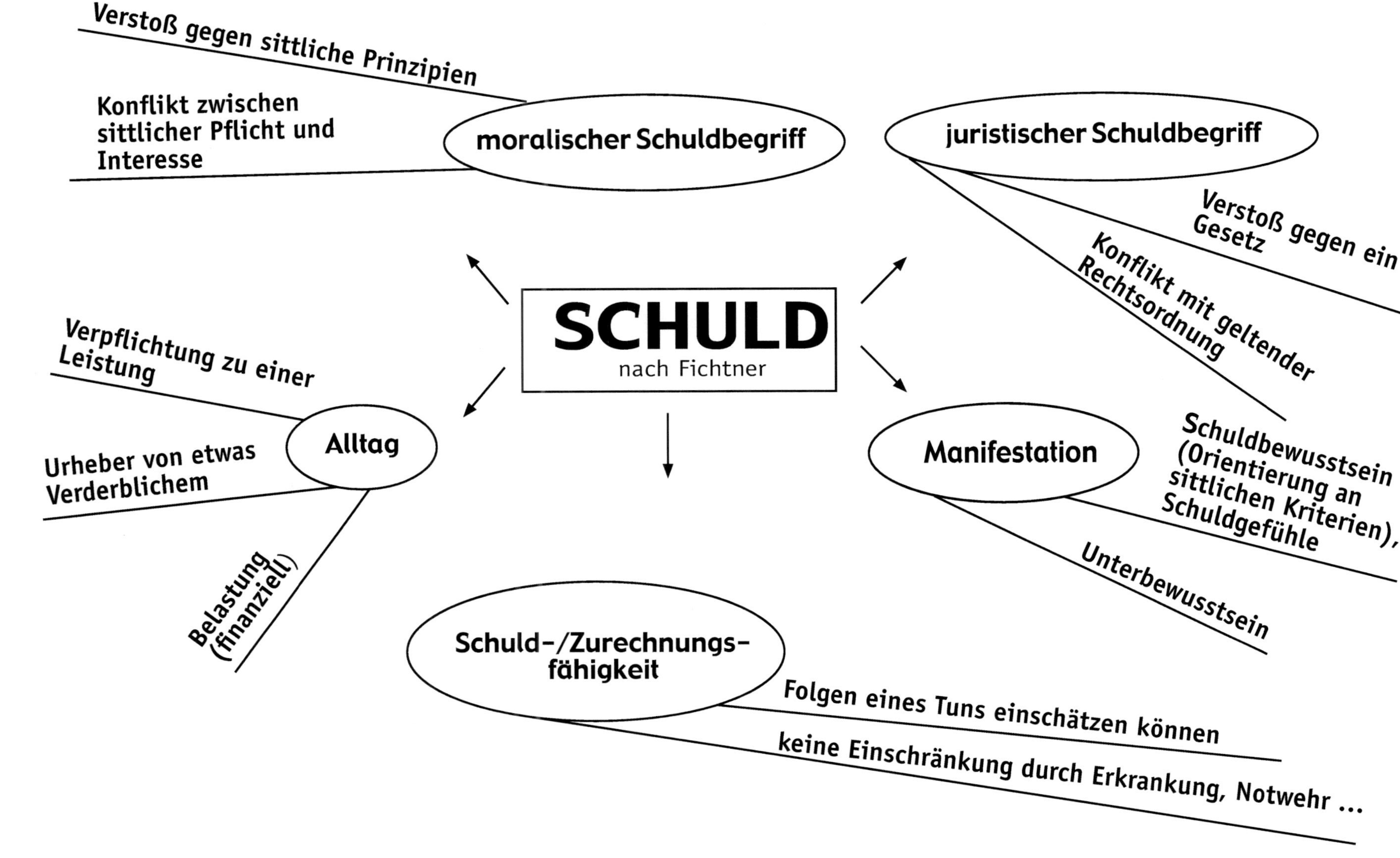
SCHULD
nach Fichtner
moralischer Schuldbegriff
Verstoß gegen sittliche Prinzipien
Konflikt zwischen sittlicher Pflicht und Interesse
juristischer Schuldbegriff
Verstoß gegen ein Gesetz
Konflikt mit geltender Rechtsordnung
Alltag
Verpflichtung zu einer Leistung
Urheber von etwas Verderblichem
Belastung (finanziell)
Manifestation
Schuldbewusstsein (Orientierung an sittlichen Kriterien), Schuldgefühle
Unterbewusstsein
Schuld-/Zurechnungs-fähigkeit
Folgen eines Tuns einschätzen können
keine Einschränkung durch Erkrankung, Notwehr ...

TA

Kollektivschuld

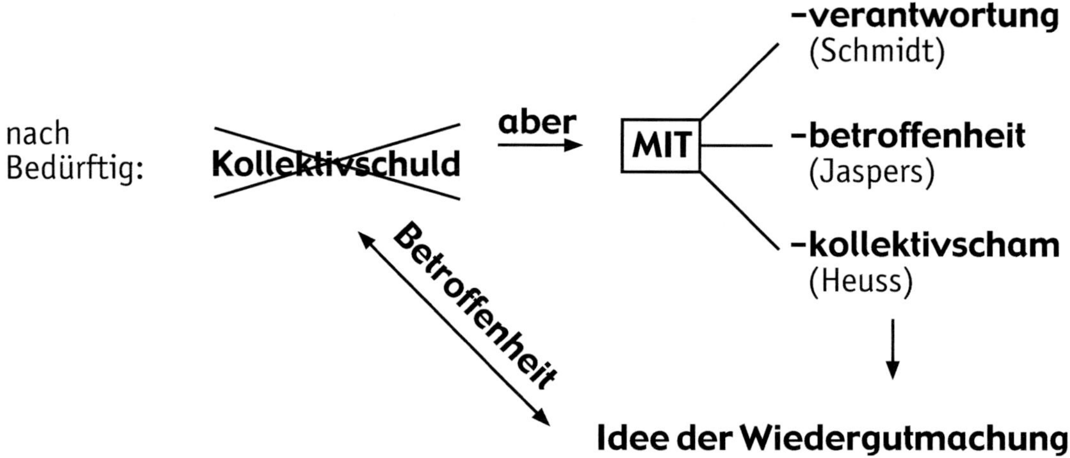

nach
Henkel:

Kollektive Anklage – Widerspruch in der Rechtsschuld?

↙ ↘

Voraussetzung heute:	**Voraussetzung damals:** (1939–45)
Selbstprüfung, eigenverantwortliches Handeln	**Mangel an Kritik und Standhaftigkeit Nachgiebigkeit Versagen (von Mensch zu Mensch)**

nach Jaspers:

Unrecht & Verbrechen durch

↓

Passivität

↙ ↓ ↘

Mitwissen **Zulassen/Dulden**

nicht verhindern bedeutet untilgbare

Schuld

HE

Der Schuldbegriff im Roman
Michael Berg und „seine Schuldhaftigkeit“

Michael Berg geht in all seinen Lebensphasen auf Begriffe wie Verrat und Schuld ein. Sehr früh entdeckt er ein Schuldempfinden (Seitenangaben im Schaubild), das dem Schuldbewusstsein als moralischem Begriff entspricht und als Verstoß gegen sittliche Werte und Pflichten gewertet werden kann.
Während er bereits in jungen Jahren Gewissensbisse und Schuldgefühle empfindet, sich aber im Laufe der Jahre mehr und mehr davon zu distanzieren versucht und hauptsächlich die Schuld der älteren Generation erkennt, ist es bei Hanna umgekehrt. Sie lebt zwei Drittel ihres Lebens ohne konkrete Schuld oder Sühne. Sie verdrängt ihre Vergangenheit. Während des Prozesses steht sie zwar Rede und Antwort, aber es scheint dem Leser so, als empfinde sie immer noch keine Reue oder Schuld.
Michael erweitert seine Perspektive also, indem die individuell empfundene Schuld, nämlich eine Verbrecherin geliebt zu haben, ohne es zu merken, durch den Aspekt der allgemeinen Generationenschuld ergänzt wird, wobei diese Auseinandersetzung einen großen Teil seines Lebens ausmacht. Hanna hingegen wird nach Negation und Verdrängung der Vergangenheit über die Konfrontation durch die Anklage zur Affirmation ihrer Schuld und einer damit verbundenen Sühne und Buße gelangen.

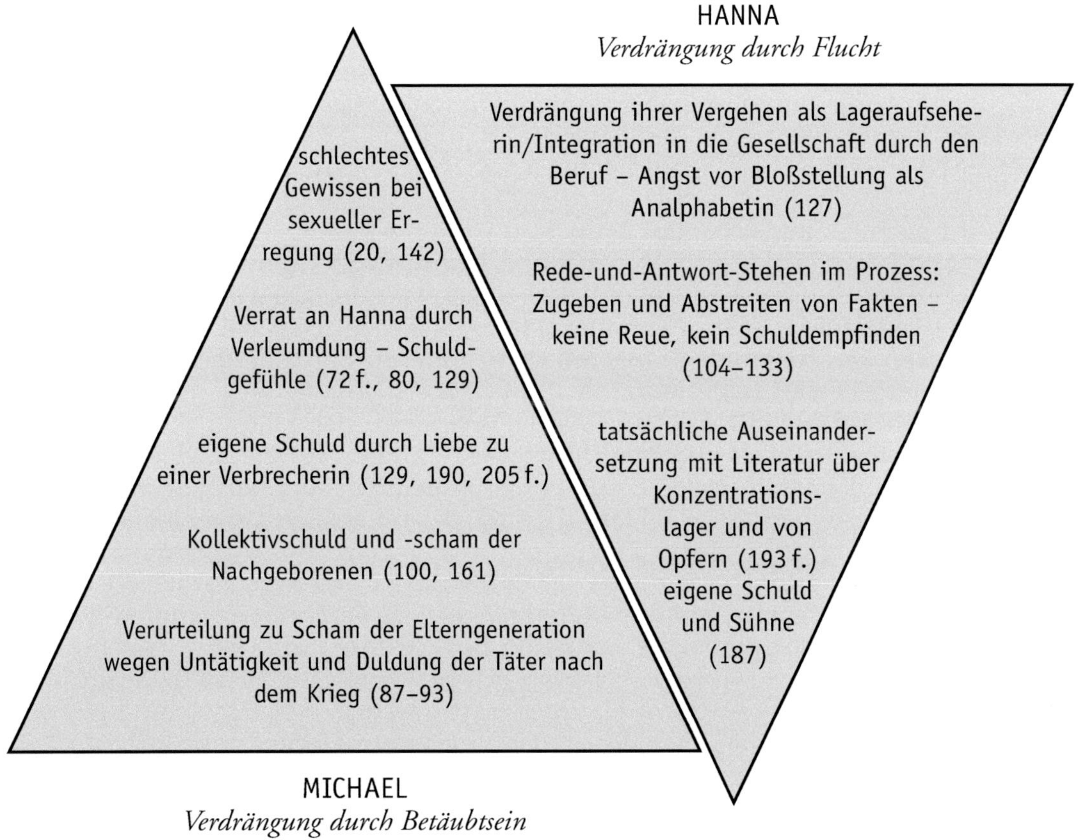

TA

LM

Hanna und ihre Schuld

HE

Im Anschluss an die Lektüre der Texte über Selektionen und die Geschehnisse in Oradour-sur-Glane dürfte den Schülern die Dimension von Hannas Beteiligung an Verbrechen klar sein. Für Schüler ist der Zweite Weltkrieg heute bereits sehr weit entfernt, da diesen ihre Großeltern damals erst im Kindesalter erlebt haben. So wird ihnen die historische Vergangenheit nur durch Medien wie Rundfunk und Fernsehen sowie im Geschichtsunterricht vermittelt.
Die vorliegenden Textauszüge (Schülerheft S. 27 f.) geben den Schülern Aufschluss über die Anklagepunkte (S. 101–103).

LM

Anklagepunkt 1: Selektion von 60 Frauen monatlich, die mit Frauen aus Auschwitz ausgetauscht worden sind und damit dem Tode geweiht waren.

Anklagepunkt 2: Verhalten während einer Bombennacht, in der die Aufseherinnen mehrere Hundert Frauen, die in einer Kirche eingesperrt waren, bei dem Brand der Kirche nicht befreit haben, sodass alle Gefangenen bis auf die beiden Augenzeuginnen verbrannt sind.

Durch den Analphabetismus ist Hanna zunächst vor einer aktiven Auseinandersetzung mit ihrer Vergangenheit geschützt. Sie verdrängt und flüchtet, sobald die Entlarvung ihres Makels bevorsteht. Eine erste Konfrontation mit dem damals vollbrachten Unrecht erfährt sie während der Gerichtsverhandlung, da die Unkenntnis des Lesens und Schreibens ihr das Studium der Akten nicht erlaubt. Daher erfährt sie in der Befragung durch den vorsitzenden Richter erstmals von den Vorwürfen gegen sie und muss ohne Vorbereitung *ad hoc* auf diese reagieren, ohne eine Verteidigungsstrategie entwickeln zu können. Dieser Mangel wird von den übrigen Angeklagten und deren Anwälten ausgenutzt, indem sie Hanna zum Opfer ausersehen, auf das sie die Hauptschuld wälzen, um ihren eigenen Schuldanteil zu mindern.
Durch ihr eigenes ungeschicktes Verhalten isoliert Hanna sich und sondert sich von den anderen Angeklagten ab. Während Hannas Pflichtverteidiger zu Beginn des Prozesses noch eingeschritten ist, mal entsetzt ob der Vorwürfe, mal ironisch, wenn er etwas dagegensetzen konnte, zieht er sich mehr und mehr zurück. Auch als der Richter im Zusammenhang mit dem Vorlesen der Mädchen fragt, ob der Anwalt weitere Fragen hätte, nutzt er die Chance nicht, sie zu entlasten (S. 113). Seine Unerfahrenheit und das mangelnde Vertrauen, das Hanna ihm entgegenbringt, lassen ihn letztlich gleichgültig werden – anders als die übrigen Anwälte, die sich für ihre Klienten einsetzen und eine Strategie haben, die sie verfolgen. Im Laufe des Prozesses befragen sie Hanna derart, dass sie gleichzeitig eine Schuldzuweisung formulieren.
So ist Hanna mehr oder weniger sich selbst überlassen. Sie verhält sich so, wie sie sich früher auch Michael gegenüber verhalten hat – sie vertritt eine eindeutige Position: „Sie war [...] völlig eindeutig, entweder in Zustimmung oder in Ablehnung." (S. 69)
Der Verlauf des Prozesses nimmt Hanna derart in Anspruch, dass eine Reflexion über Schuld und Unrecht gar nicht stattfinden kann: Hanna gerät hier an ihre Grenzen, insofern sie ihre mangelnde Kommunikationsfähigkeit überwinden und sich tatsächlich artikulieren muss.
Erst in der Haft findet sie die Ruhe, sich mit ihrer Schuld und den Ereignissen im Dritten Reich konstruktiv zu beschäftigen. Durch die Überwindung des Analphabetismus hat sie nun die Möglichkeit, ihre Vergangenheit – und das Schicksal ihrer Opfer – lesend und vielleicht auch schreibend zu bewältigen. Während sie ihr geschichtliches Unwissen durch authentische und fiktive Texte über diesen historischen Zeitraum überwindet, drängen sich die Opfer in ihre Träume, was sie als Sühne und Buße empfindet.

Ihr Läuterungsprozess setzt also relativ spät ein und führt in letzter Konsequenz möglicherweise zum Selbstmord.
Der Umgang mit Schuld bzw. Schuldempfinden ist insofern ein wichtiges Motiv des Romans, als beide Protagonisten unterschiedlich damit umgehen: Während Hannas Schuldempfinden erst sehr spät in ihrem Leben eintritt und für sie erfahrbar und verarbeitbar wird, ist Michael schon von früher Jugend an mit unterschiedlichen Emotionen wie Scham und Schuld konfrontiert. Um sich dieser Empfindung zu erwehren, versucht er während der Auseinandersetzung mit Schuld, die parallel zu dem Prozess verläuft, die Schuld auf die Elterngeneration bzw. die nationalsozialistischen Täter zu projizieren. Dies gelingt ihm letztlich nicht, da er feststellen muss, dass eine Schuldzuweisung im historischen Kontext, zum Beispiel die Schuld der passiven Elterngeneration, die selbst empfundene Schuldhaftigkeit hinsichtlich der damaligen Liebe zu einer Verbrecherin nicht aufhebt.
Angefangen bei dem schlechten Gewissen des 15-jährigen Michael, als er entdeckt, dass ihn durch die Begegnung mit Hanna sexuelle Fantasien erregen, sind seine Schuldgefühle ohne Ausnahme auf Hanna zurückzuführen. Er leidet in gleichem Ausmaß weder an der gescheiterten Ehe, noch an dem Schicksal seiner Tochter im Internat. Auch andere gescheiterte Beziehungen lösen bei ihm kein Schuldbewusstsein aus. Denn Michael vermag zeitlebens, seine Lebensplanung und das Scheitern seiner Beziehungen durch diese Jugenderfahrung mit Hanna zu rechtfertigen.
Als Hanna ihn verlässt, meint er, Verrat an ihr begangen zu haben und daher zu Recht mit Liebesentzug bestraft zu werden. Indem sie verurteilt wird, meint er, schuldig zu sein, eine Verbrecherin geliebt zu haben.
Die Aufgabe, Hanna nach ihrer Haft in die Gesellschaft zu reintegrieren, übernimmt er nur widerstrebend, da er vielleicht fühlt, ihr etwas schuldig zu sein. Offen bleibt im Roman, ob sich Michael irgendwann nach Hannas Tod und der Erfüllung ihres letzten Willens aus dieser Schuldverkettung befreien kann. Ob es schuldhafte Verstrickung in Hannas Vergangenheit oder trotz dieser empfundenen Schuldhaftigkeit aufrichtige Liebe und Zuneigung zu dieser Frau ist, die ihn lebenslang an Hanna fesselt, mag jeder Leser für sich entscheiden.

TA

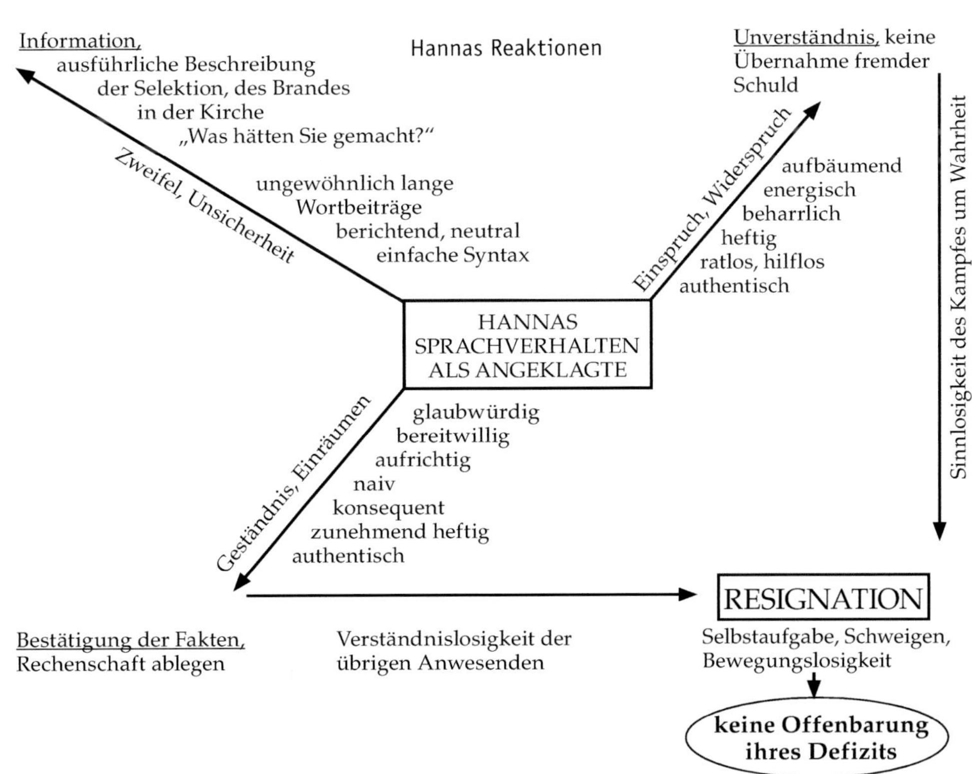

LM

Wahrheitsgetreue Angaben/Geständnisse:

91 – biografische Angaben
92 – sie habe sich für den Einsatz im Wachdienst beworben, Auschwitz, anschließend Krakau
106 – sie habe an den Selektionen teilgenommen – wie die anderen auch
– sie schildert die Vorgehensweise
106 – sie gibt zu, Ziel und Zweck der Selektionen gekannt zu haben
107 – sie fragt, was der Richter gemacht hätte
112 – zum Vorwurf, die schwachen Mädchen zum Vorlesen geholt zu haben, schweigt Hanna
121 – sie gibt zu, die Kirche aus Hilflosigkeit nicht aufgeschlossen zu haben
121 – sie habe gewusst, dass die anderen sich teilweise davongemacht haben und nicht wiederkommen würden
– sie beschreibt den Brand und die Ereignisse vor Ort
122 – sie beschreibt das Schreien und die Angst vor dem Chaos
123 – sie hätten sich gemeinsam Gedanken um den Bericht gemacht
124 – sie gibt zu, den Bericht geschrieben zu haben (Falschaussage)

Einspruch/Widerspruch

104 – sie habe keinen Schlüssel zur Kirche gehabt
– es habe nicht nur den einen Schlüssel zur Kirche gegeben, sondern mehrere, die von außen in den Schlössern gesteckt hätten
– sie fragt, ob man ihr etwas anhängen wolle

Reaktionen der Angeklagten

- lehnen (Mit)schuld ab
- lassen ihre Anwälte Zwangshandlung unter Gewalt und Befehl anführen
- streiten Sachverhalte völlig ab
- sie seien krank oder verwundet gewesen, handlungsunfähig
- sie hätten unter Schock gestanden
- sie hätten sich um die anderen Verletzten gekümmert, sie aus den Trümmern geborgen
- sie seien nicht in der Nähe der Kirche gewesen
- sie hätten den Brand nicht gesehen, die Rufe nicht gehört
- sie behaupten, der Bericht sei falsch
- sie beschuldigen Hanna, den Bericht geschrieben und verfälscht zu haben

Die Banalität des Bösen

Ein anderer wichtiger Aspekt, der auch Michael gedanklich beschäftigt, muss nun erörtert werden: Wie kann ein Mensch, der aussieht und lebt wie jeder andere, grausame Kriegsverbrechen begangen haben?
Die vorliegenden Aussagen von Hannah Arendt über den ehemaligen SS-Obersturmbannführer Adolf Eichmann beziehen sich auf einen Täter, der 1961 von einem israelischen Gericht zum Tode verurteilt wurde wegen seiner Verantwortung für die Ermordung von drei Millionen Juden.
In ihre gedankliche Auseinandersetzung mit dem Kriegsverbrecher bezieht Arendt die Verantwortung für das eigene Tun, das Handeln in Grenzsituationen und die Entscheidungsfreiheit jedes Einzelnen ein.
Mit dem Begriff der ‚Banalität' im Sinne von Durchschnittlichkeit, Alltäglichkeit belegt Arendt die fehlende Möglichkeit der Entdeckung und Erkenntnis des Bösen – das Böse gewertet als integrativer Bestandteil des Alltags, seine Vollstrecker als unauffällige, völlig durchschnittliche Bürger: Man sieht den Tätern das Böse nicht an, es deutet sich durch nichts an, aber die Taten sprechen für sich.
Die Unauffälligkeit des Bösen in Menschengestalt stellt Arendt als immerwährende Gefahr dar, die in einem besonders erschreckenden Ausmaß während des Hitler-Regimes zu beobachten war. Nicht die schreckliche, hässliche und abschreckende Seite des Bösen beschreibt sie, sondern gerade die unauffällige, die ohne offensichtliche Perversion gekennzeichnete Normalität der Menschen, die grausame Verbrechen sowohl an einzelnen Personen als auch an der Menschheit schlechthin begangen haben.
Die mutmaßliche Einstellung der Täter spiegelt sich in einem geläufigen Konditionalsatz wider: „Wenn ich es nicht getan hätte, hätte es ein anderer getan. Einer musste es doch machen."
Zur Entlastung wird also das Bild des Rädchens im Getriebe angeführt. Die Bedingung zur Entschuldbarkeit und Aufhebung der Schuld lautet: Es wäre in jedem Fall passiert – es war daher Zufall, wer für Organisation oder Durchführung von Selektionen, Morden etc. des Holocausts verantwortlich gewesen ist.
Eine ähnliche Auffassung von der Banalität des Bösen liegt auch im Roman *Der Vorleser* in der Figurenzeichnung von Hanna zugrunde. Hanna, die Täterin und ehemalige KZ-Aufseherin, wird in die Handlung eingeführt als liebende, zärtliche Frau, die einem Jungen den Weg in die Sexualität weist. Ihr Äußeres ist eher unauffällig und durchschnittlich, ebenso banal wie ihr Alltag. Sie ist insgesamt eine eher farblose Figur. Nichts an ihrem Wesen, ihrem Verhalten, ihrer Sprache und ihrem Charakter deutet die Gräueltaten an, die ihr später während des Prozesses vorgeworfen und partiell nachgewiesen werden.
Ihre Rechtfertigungsversuche fallen allerdings nicht so aus, wie von Arendt angeführt: Sie rechtfertigt sich nicht damit, dass es irgendjemand hat tun müssen, sondern anerkennt ihre Verantwortung, verweist aber auch auf mangelnde Entscheidungsfreiheit. Ausschlaggebend ist für Hanna die pflichtgemäße Erfüllung einer Aufgabe, die sie übernimmt, ohne die weitere Entwicklung der Ereignisse absehen oder deren Sinn in Frage stellen zu können:
„Wir wußten uns nicht anders zu helfen. [...] Wir haben nicht gewußt, was wir machen sollen." (S. 121)
„Wir waren doch dafür verantwortlich [...] das war doch der Sinn [...]. Darum haben wir nicht gewußt, was wir machen sollen." (S. 122)
Hanna steht zu dem, was sie getan hat, wehrt sich aber dagegen, verantwortlich gemacht zu werden für Tatbestände, die ihr nicht anzulasten sind. Sie versucht nicht, ihr Fehlverhalten, das sie noch nicht als solches erkennt, auf andere zu projizieren, erläutert als Handlungsmotiv allerdings Hilflosigkeit und Notwendigkeit.
Die Frage an den Richter „Was hätten Sie denn gemacht?" ist genau in diesem Sinne zu verstehen, nämlich nicht als Erfragen einer ernsthaften Alternative, sondern als Ausdruck der Ratlosigkeit und der Ausweglosigkeit in einer determinierten Grenzsituation.

Gerade die ‚Banalität' von Hanna, nicht als Monster erkennbar zu sein, erschreckt Michael, als er von ihrer Vergangenheit erfährt. Daher entwirft er in seinen Träumen ein Bild von Hanna, das sie zum Monster macht. Ihre Züge sind verändert und passen sich dem Klischee an, das vom Bösen schlechthin existiert. So wie das Motiv der inneren Schönheit in einem hässlichen Körper in der Erzählung „Die Schöne und das Biest" wird nun das Gegenbild, die Erscheinung des Bösen in der Gestalt eines Durchschnittsmenschen, aufgegriffen und im Traum erneut gewandelt: Eine „häßliche Fratze" mit kalten Augen und schmalem Mund tritt herrisch und grausam auf, schreiend und schlagend ihren Dienst verrichtend. Hannas Aussehen, ihre Gestik und ihr Auftreten passen sich der Vorstellung eines Unmenschen an. Michael erträumt dieses Bild von Hanna, um die Banalität des Bösen zu demaskieren, um ihr eine Gestalt zu geben, mit der er besser umgehen kann, die ihn aber in seiner Auseinandersetzung mit Hannas Vergangenheit nicht zu entlasten vermag.

3. Konzentrationslager
Konzentrationslager Natzweiler-Struthof

Bildbeschreibung:

LM

Bild 1

im Hintergrund:	Wachtürme, Galgen, Bäume, Tannen terrassenförmig angeordnete Baracken, Bergterrassen sieben unterschiedliche Ebenen Fluchtpunkt perspektivisch nach oben
in der Mitte:	die Treppe, zentral Männer tragen Suppenkessel hinunter
im Vordergrund:	ein Kessel ist heruntergefallen, Durcheinander ein Wächter mit Knüppel
Eindruck:	ein düsteres, bedrohliches Bild dunkle Farben, Grauschattierung Menschen ähneln Schatten, uniform Bewegung durch bedrohlich gehobene Hände In Erwartung der folgenden Schläge durch den Wächter denkt der Betrachter das Geschehen weiter
Assoziationen:	Gewalt, Brutalität, Willkür, Hilflosigkeit, Ausgeliefertsein möglicherweise Todesstrafe für einen Zwischenfall, der aus Versehen eingetreten ist, für ein kleines Ungeschick

LM

Bild 2

im Hintergrund:	Gefangene gezwungenermaßen als Zuschauer undeutliche Masse von Menschen Baracken, um den Ort des Geschehens anzudeuten
im Vordergrund:	zwei Galgen mit Erhängten Särge, um die Leichen wegzutragen, zu entsorgen Wachposten, SS-Männer (mit Zigarre, rauchend), Todes-Vollstrecker, Henker
Eindruck:	keine Gesichter, nur Schatten auf der Höhe der Gefangenen nur Dunkelheit zum Himmel hinauf Helligkeit – Hoffnung?

Assoziationen: Ausweglosigkeit innerhalb des Lagers
Exempel statuieren, absolute Willkür herrschen lassen
Gelassenheit und Zufriedenheit der zuschauenden SS-Männer zeugen von Abgestumpftheit und Sadismus
keine Fluchtmöglichkeit, Zwang sich der Lager-Realität zu stellen
Hilflosigkeit der Mitgefangenen im Lager

Michaels Erwartungen und Eindrücke während des Besuches des Lagers

Michael möchte in erster Linie seinen Mangel an Anschauung ausgleichen, indem er das Lager Natzweiler-Struthof besucht (vgl. S. 41). Allerdings erhofft er sich auf diesem Weg der Konfrontation mit einem ehemaligen Schauplatz, die (Alb-)träume von Hanna zu überwinden und in einen realistischen Kontext zu stellen.
Der Autofahrer, der Michael mitnimmt, zweifelt sofort an der von Michael erwünschten Erkenntnis:
„Was wollen Sie eigentlich verstehen? Daß man aus Leidenschaft mordet, aus Liebe oder Haß oder für Ehre oder Rache, verstehen Sie?“ (S. 143).
Seine Eindrücke von dem Lager thematisiert Michael Jahre später in einem Rück-blick, als er ein zweites Mal dorthin geht, allerdings vor verschlossenen Toren steht.
Eigentümlich ist Michaels Farbwahrnehmung, die im Vordergrund steht. Die helle Sonne, der weiße Schnee, graublau gestrichene Baracken lassen eher ein freundliches Bild vor dem Auge des Betrachters entstehen. Im Gegensatz dazu sind seine erträumten Bilder von Hanna eher grau und schwarz schattiert.
Ein Gefühl des kläglichen Versagens stellt sich bei Michael ein, als er versucht, die Gräueltaten mit der aktuellen Wahrnehmung zu verbinden. Schon bei seinem ersten Besuch des Lagers hat Michael feststellen müssen, dass ein wie ein Museum aufbereitetes ehemaliges Lager keine Authentizität vermittelt, dass das eigene Vorstellungsvermögen nicht ausreicht, in den visuell wahrgenommenen Baracken und Galgen das Leben der Lagerinsassen damals in Gedanken erstehen zu lassen, dass selbst der Anblick eines Krematoriumofens ihn nicht dessen Funktion erkennen und nachempfinden lässt. Diese Erfahrung der inneren Leere und der Unmöglich-keit, sich das heute noch Unfassbare vorstellen zu können, führen zum Scheitern dieser Unternehmung. Michael reflektiert, wie man sich nach einem derartigen Besichtigungstermin zu fühlen habe, wie man so ganz einfach wieder zur Tages-ordnung übergehen könne, ohne dem Ereignis den gebührenden Respekt zu zollen oder das tiefe Bedauern zu fühlen.
Der Besuch der KZ-Gedenkstätte ist im Roman insofern instrumentalisiert, als ein real existierender Ort die Authentizität und das Lokalkolorit unterstreicht, dar-über hinaus aber auch die Gefühle thematisiert, die jeder Leser bei gleichgearteten Unternehmungen nachempfindet. So wird der Leser besonders in diesen beiden Kapiteln direkt einbezogen. Man könnte fast vermuten, dass der Autor Bernhard Schlink dem Leser vor Augen führen möchte, wie unzureichend eine derartige Auf-arbeitung der Geschichte ist und dass der Besuch einer Lagerstätte durchaus nicht ausreicht, um sich adäquat mit der Schuld der damaligen Täter auseinanderzuset-zen. Dementsprechend findet der Ich-Erzähler keine Lösung für sein Dilemma und muss fortan mit seinen Bildern und Gedanken umgehen lernen, ohne dass sich ihm eine Form der psychischen Verarbeitung geboten hätte.

IV. Teil drei des Romans

1. Analphabetismus
Allgemeine Information: Analphabetismus und Kommunikation

HE

Obgleich man heute als Lehrer, besonders im Bereich der Realschule und des Gymnasiums, kaum mit Analphabetismus konfrontiert wird, sondern allenfalls mit Legasthenie, einer spezifisch definierten Schreibschwäche, ist das Thema dennoch aktuell. Laut einer Studie der Universität Hamburg gab es 2011 in Deutschland 7,5 Millionen funktionale und 2,3 Millionen totale Analphabeten. Erstere können einzelne Sätze lesen/schreiben, jedoch keine ganzen Texte, während totale Analphabeten schon mit Sätzen oder einzelnen Wörtern Probleme haben.[1] 2018 konnten 6,2 Millionen Erwachsene zwischen 18 und 64 nicht richtig auf Deutsch lesen und schreiben, davon waren etwas über die Hälfte Muttersprachler.[2] Meist sind es psychosoziale Ursachen, die dafür verantwortlich gemacht werden können, dass man diese gesellschaftlich notwendige Kompetenz nicht erlernt hat und so zum Außenseiter wird.
Das Problem der Schriftsprachunkundigkeit ist ein gesellschaftliches ebenso wie individuelles Problem, das künftig durch einen neuen Aspekt gekennzeichnet sein wird: der Analphabetismus in Bezug auf die modernen Medien, sprich Computerunkundigkeit als erweitertes Problem im Umgang mit Schriftsprache und Kommunikation.
Heute gibt es unterschiedliche Institutionen im Bereich der Erwachsenenbildung, die mit geschulten Lehrern Lesen und Schreiben vermitteln. Tatsächlich gelingt es in einigen Fällen, das Defizit derart einzuschränken, dass zumindest eine minimale Fähigkeit zu entziffern und zu schreiben erlangt wird, sodass alltägliche Geschäfte erledigt werden können.
Die höchste Erfolgsquote jedoch wird in Haftanstalten erzielt. Hier sind die des Schreibens und Lesens Unkundigen den übrigen Häftlingen bei deren Hilfestel-lung ausgeliefert bzw. müssen eine Gegenleistung erbringen. Analphabeten wissen häufig nicht einmal, warum sie verurteilt worden sind, da sie weder das Urteil lesen bzw. verstehen noch erforderliche Papiere selbstständig bearbeiten können. Durch diese Hilflosigkeit und das Gefühl des Ausgeliefertseins ist einerseits die Primärmotivation zu lernen sehr hoch, andererseits haben Häftlinge auch genügend Zeit, sich diese Kompetenz in Ruhe und ohne gesellschaftlichen Druck durch die Außenwelt anzueignen. Diese deutlichen Lernerfolge im Gefängnis weisen eine Parallele zu Hanna Schmitz auf und könnten in ein Unterrichtsgespräch über ihren autodidaktischen Lernprozess einfließen.
Um die Situation von Hanna in ihrer Dimension begreifen zu können und die Lerngruppe gleichzeitig hinsichtlich dieses gesellschaftlichen Phänomens zu sensibilisieren, ist ein allgemeiner Einstieg in die Problematik vorgesehen. Durch die ersten Aufgabenstellungen werden die Schüler mit der Problematik des Nicht-Entziffern-Könnens konfrontiert, können sie möglicherweise durch die Eigenerfahrung die Dimension nicht nur rational, sondern auch emotional, emphatisch nachempfinden und dadurch das Verhalten der Romanfigur besser verstehen. Entscheidend ist die Erkenntnis, dass ein übereinstimmendes Zeichensystem die Voraussetzung für Kommunikation bildet:

- ☞ Schriftzeichen müssen bekannt sein, ein gemeinsamer Code ist notwendig
- ☞ Semantik (Wortbedeutung) muss entschlüsselt werden können
- ☞ Kenntnis der Syntax dient der Entschlüsselung von Zusammenhängen

Nur ein Kommunikationssystem, das bei beiden Gesprächspartnern bekannt ist, kann zur Verständigung von Personen führen. So muss das Zeichensystem übereinstimmen, damit die Struktur Sender – Mitteilung – Empfänger durch den Vorgang der Codierung und Decodierung eines gemeinsamen Codes zustande kommt.

[1] Quelle: https://www.zeit.de/gesellschaft/2011-02/bildung-analphabetismus-studie

[2] Quelle: https://www.zeit.de/gesellschaft/zeitgeschehen/2019-05/analphabetismus-deutschland-lesen-schreiben-studie

LM

Meine Probleme

bei A: *Ähnlichkeit mit der heutigen Schrift*
einzelne Buchstaben erkennbar
nicht jedes Wort kann entschlüsselt werden
mühevolles Entziffern
Sinn bleibt unverstanden

bei B: *unverständlich*
fremde Zeichen, kein bekannter Code
keine Möglichkeit zu entziffern

artikulieren:
– Stimmbänder
– Übertragung der
– Laute durch
– Schallwellen
– akustische Zeichen

hören:
– akustische Zeichen und Signale wahrnehmen

schreiben:
– Schriftcode beherrschen

sehen:
– Schriftzeichen, Symbole
– optische Zeichen
– nonverbale Zeichen

LM

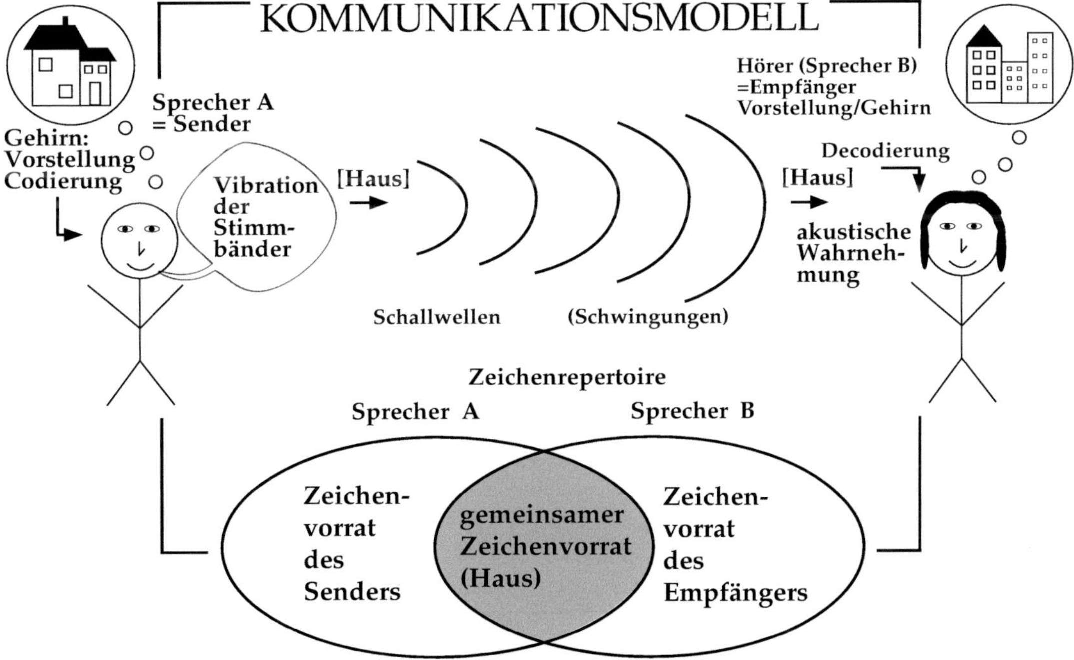

MERKE: willkürliche Übereinstimmung und Festlegung von Zeichen durch Menschen (eine Sprachgemeinschaft)
akustische Zeichen – optische Zeichen – nonverbale Zeichen (Gestik, Mimik)

LM

Probleme von Analphabeten

➪ *Erschwernisse bei alltäglichen Tätigkeiten*
- ✶ Formulare ausfüllen
- ✶ Hinweisschilder lesen (Straßenschilder, Zeitpläne, ...)
- ✶ Inhalte von Verpackungen, Medikamenten, ...
- ✶ Gerichte im Restaurant auswählen
- ✶ Briefe, Nachrichten lesen
- ✶ andere Menschen in Interessengruppen treffen (Elternabend, Verein, ...)

➪ *Benachteiligung auf dem Ausbildungs- und Arbeitsmarkt*
- ✶ Stellenangebote nicht lesen können
- ✶ Diskriminierung am Arbeitsplatz

➪ *gesellschaftliche Außenseiterstellung*

➪ *Diskriminierungserfahrungen*
- ✶ Angst vor Bestrafung (als Kind, Jugendlicher); Spott;
- ✶ gemieden, beschimpft werden; abqualifiziert, entlassen werden; diskriminiert, entmündigt werden

Verbergungstaktiken

➪ *Folge*
- ✶ Vermeidung von Schriftsprache
- ✶ geringe Kompetenz und keine Motivation zu lernen

➪ *dafür*
- ✶ Hilfe von anderen (Familie, Freunde, ...)
- ✶ Formulare mit nach Hause nehmen
- ✶ auf das Telefon ausweichen
- ✶ Verletzung der Hand, des Armes vortäuschen
- ✶ Brille vergessen
- ✶ im Restaurant Gängiges bestellen (z. B. Schnitzel)
- ✶ in der eigenen Stadt den Touristen spielen
- ✶ Vortäuschen der Lesekompetenz durch Bücher, Zeitungen (z. B. in der Metro)
- ✶ Fragen formulieren, um Informationen zu erhalten
- ✶ auf einen späteren Zeitpunkt vertagen
- ✶ Ablenkungsmanöver, Zeitverzögerung
- ✶ Termine nicht wahrnehmen
- ✶ Verzicht, Flucht

Was ist Analphabetismus?

Ursachen von Analphabetismus

➪ *Genetische Veranlagung*
- ✶ Erkrankung von Sinnesorganen
- ✶ Verzögerung der motorischen Entwicklung

➪ *Negativerfahrungen in Elternhaus/Schule*
- ✶ Vernachlässigung, Gleichgültigkeit
- ✶ mangelnde Schriftkultur in der Familie
- ✶ mangelnde Motivation
- ✶ Unsicherheit
- ✶ psychische Belastungssituation
- ✶ Angst vor Leistungsdruck

➪ *Charakter, negatives Selbstbild*
- ✶ Angst vor Versagen und Diskriminierung
- ✶ geringes Selbstwertgefühl
- ✶ Resignation, Mutlosigkeit
- ✶ Selbstaufgabe
- ✶ häufiger Schulwechsel

SH36

LM

Die Analphabetin Hanna Schmitz

S.	Situation	Verbergungstechnik	Folge
35	Schulhefte mit Michaels Namen	„Jungchen"	keine persönliche Anrede
43	Frage nach Deutsch-unterricht	schöne Stimme – er soll vorlesen	Lust/Ritual/Öffnung der Welt der Literatur
53	Radtour – Michael gibt Richtung an	Verantwortung abgeben und sich wohlfühlen	keinen Einfluss haben (Ausrede)
54	Zettel	Behauptung, nichts gefunden zu haben	Missverständnis, Angst, Gewalt
60	Besuch bei Michael	lässt sich vorlesen	Bücher als Gegenstände, reine Betrachtung, nicht Aufnahme
76	Kinobesuche	sucht Filme wahllos aus	
80	Ausbildung zur Fahrerin möglich	Verschwinden, Flucht	Verlassen von Michael
91	Beförderung bei Siemens möglich	Flucht	Meldung bei der SS
94	richterliche Vorladung	keine Reaktion auf Briefe	Haftbefehl
104	Anklage/Manuskript	keine Kenntnis darüber	Ausgeliefertsein durch Unwissen kein Einspruch möglich höheres Strafmaß, da keine Revision
124/ 130	Urheber des Berichts	gibt zu, den Bericht geschrieben zu haben	Verachtung der Anwesenden, Verwirrung, Ratlosigkeit, Resignation

HE

Hanna würde man wohl als totale Analphabetin bezeichnen, da sie weder Michaels Namen auf seinen Schulsachen noch seinen Zettel lesen konnte und nicht in der Lage war, eine kurze Schriftprobe abzugeben. jahrelang tut sie alles dafür ihre Schwäche zu verbergen (S. 35, 43, 53 f., 112, 124, 126–129). Nun ist ihr der Preis einiger Jahre zusätzlicher Haft nicht zu hoch, ihr Geheimnis bewahren zu können. Sie nimmt das höhere Strafmaß in Kauf, damit sie die lang vermiedene Bloßstellung vermeidet, was angesichts der Schwere der ihr vorgeworfenen Verbrechen eher unglaubwürdig erscheint. Ob gerade dieser Schritt von Hanna als authentisch angesehen werden kann, muss jeder Leser für sich beantworten. Betrachtet man die Konsequenz, mit der sie dieses Defizit ein Leben lang verbirgt, ist dieses Verhalten durchaus nachzuvollziehen, da sie ihre Linie beibehält.

Allerdings ist es fraglich, ob diese Scham mehr Gewicht hat als die Schuld, die sie aufgrund der Anklage auf sich nehmen muss. Das damit verbundene Risiko, wäh-rend der Verhandlung nicht absehbar, würde sicherlich nicht von vielen Menschen eingegangen werden. Insofern bleibt die Frage nach der Authentizität der Figur besonders in dieser Situation zu stellen. Hier könnte sich bei entsprechendem Inter-esse eine Diskussion unter den Schülern ergeben, ob diese Eigentümlichkeit von Hanna wirklich ein ‚guter Einfall' des Romanautors gewesen ist.

SH37 SH38

LM

Problemlösung - Hannas Analphabetismus offen legen?

Erörtern Sie Für und Wider der Offenbarung von Hannas Analphabetismus unter Berücksichtigung der Intervention von Michael Berg.

Gründe für die Wahrheit	Gründe für die Verheimlichung
- keine zusätzliche Schuld auf sich nehmen - zu seinen Makeln und Schwächen stehen - zwischenmenschliche Beziehungen eingehen - sich in die Gesellschaft resozialisieren - etwas gegen den Analphabetismus unternehmen können - jemanden um Hilfe bitten - keine Gründe mehr für Flucht - Selbstbewusstsein steigern - angstfrei leben - ohne Lüge leben, Offenheit - Schamgefühl überwinden	- keine Bloßstellung - keine Diskriminierung innerhalb der Gesellschaft und im privaten Bereich - Resignation: Wahrheit würde nichts ändern - Angst vor Außenseitertum, negativem Urteil - sich nicht der Lächerlichkeit, dem Spott preisgeben - Angst vor Verlust der Arbeitsstelle - Angst vor Verlust der Existenz

2. Das Wiedersehen im Gefängnis (S. 184–188) Michael Berg besucht Hanna in der Haft

LM

Voraussetzungen

Michael:	Hanna:
- schlechtes Gewissen, weil er Hanna vernachlässigt hat - hat den Prozess noch im Kopf, Fragen sind offen - hängt noch an Hanna, obwohl sie nie wieder miteinander gesprochen haben - Angst vor einem Treffen in ungewohntem Raum: „Ich hatte das Gefühl, sie könne, was sie mir war, nur in der realen Distanz sein. Ich hatte Angst, die kleine, leichte, geborgene Welt der Grüße und Kassetten sei zu künstlich und zu verletzlich, als daß sie die reale Nähe aushalten könnte. Wie sollten wir uns von Angesicht zu Angesicht begegnen, ohne daß alles hochkam, was zwischen uns geschehen war.“ (S. 183)	- Enttäuschung, dass er nie geschrieben hat - Reue über NS-Vergangenheit - Angst, dass sich ihre Beziehung zu Michael ändern könnte

Sinneseindrücke

Michael:	Hanna:
- sieht Hannas Veränderung: alt, ungepflegt - riecht wie eine alte Frau: lebendige Erinnerung, - Gedanken an früher	- hat Gefühlsfülle/-verwirrung: Freude - Trauer - sie nimmt seine Hand, ihre Augen tasten ihn ab

Entfremdung

- beide sind aufgeregt, gesteuert von Gefühlen
- beide sind unsicher, wissen nicht, was sie erwartet
- beide hegen Erwartungen, die letztlich nicht erfüllt werden können, zumal sie auch nicht geäußert werden

Ambivalenz

- Freude über Wiedersehen – Unsicherheit, Distanz
- letztlich sind beide enttäuscht über die Begegnung

Haltung, Empfinden

Michael:	Hanna:
- Erkenntnis über gestörte Beziehung - Vergangenheit ist nicht zurückzuholen - schlechtes Gewissen, da er sich nicht kümmern möchte - Angst vor Veränderung der Beziehung - Empörung über ihr Schuldempfinden, Verwirrung	- Zurückhaltung, abwartende Haltung - schüchtern, nachdenklich - sehnt sich nach früher - weiß, dass sie sich verändert hat - ist traurig und resigniert

Veränderungen oder Stagnation?

Hanna wie Michael treffen sich nach sehr langer Zeit wieder. Beide sind von ihrem jeweiligen Lebensweg geprägt, haben sehr unterschiedliche Erfahrungen gemacht und individuelle Verarbeitungsmechanismen für ihre Probleme entwickelt. Darüber hinaus hat sich ihr einseitiger und ‚unpersönlicher Austausch', nämlich das Vorlesen von Michael für Hanna auf Kassetten, nicht verändert. Seit Hanna Heidelberg verlassen hat, ist bis auf einen Blickkontakt im Gerichtssaal keine persönliche Kommunikation zustande gekommen, was hauptsächlich an Michael liegt. Hannas Dankesbriefe an Michael – ein Zeichen ihrer Alphabetisierung – bleiben unbeantwortet. Hier hat sich für Michael eine Chance geboten, über das Vorlesen hinaus in einen direkten Austausch einzutreten. Dieser findet bis zu seinem Besuch im Gefängnis nicht statt.
Im Folgenden wird ein Überblick über die Entwicklung der Figuren, 25 Jahre nach deren Liebesbeziehung, gegeben. Die Stagnation im Sinne von Nichtveränderung wird zuerst angeführt; anschließend werden in einer Gegenüberstellung ehemalige und aktuelle Charaktereigenschaften, Einstellungen und Verhaltensweisen erfasst.

Hanna (S. 184 ff. und 196 f.)

Was sich bei Hanna nicht verändert, ist ihre Stimme, die laut Michael nach wie vor sehr jung klingt, wie damals in Heidelberg (S. 191). Auch ist davon auszugehen, dass sich ihre innigen Gefühle Michael gegenüber nicht verändert haben. In ihrer Zelle hängt z. B. ein Foto von Michael als Abiturient, das sie sich ohne lesen zu können beschafft haben muss.
Ansonsten haben sich ihr Äußeres und ihre innere Einstellung durch den Läuterungsprozess während der Haft folgendermaßen verändert:

innere Einstellung
Haft, Kloster → „Klause", völliger Rückzug ins Innere

soziales Verhalten
Respekt
Engagement für Mitgefangene → bewusste Isolation, Kontaktlosigkeit

äußere Erscheinung
kräftig, aber schlank → dick, graue Haare, Falten
peinliche Sauberkeit — Gleichgültigkeit
gepflegt — ungepflegt
gut riechend — riecht unangenehm (alt)

Schuldempfinden
Uneinsichtigkeit: zunächst keine Einsicht in Schuld
Überwindung ihres Defizits: Schreiben und Lesen lernen während der Haft
Erkenntniszuwachs und Mündigkeit: Lesen der Literatur über Konzentrationslager und von den Opfern durch enormen autodidaktischen Lernprozess möglich

Konsequenzen
selbst gewählte Isolation, dennoch Zufriedenheit, Akzeptanz der Sühne und Buße, Unsicherheit durch Angst vor Gesellschaft, Leben in Freiheit, Verlust der Kasteiung, Freitod als Perspektive für inneren Frieden?

Michael

LM

Nach wie vor vergleicht Michael alle Frauen mit Hanna, sucht ihresgleichen, ohne dies konkret benennen zu können. Auch seine Funktion als Vorleser, die ihm bereits als 15-Jährigem zugeteilte Rolle, nimmt er weiterhin wahr. Die fehlende persönliche Ebene in Form von Briefen oder Äußerungen über seine Gefühle, die er als Jugendlicher schon nicht artikuliert hat, bleibt erhalten. Zeitlebens bleibt Hanna in seiner Vorstellung. Deshalb ist es ihm nicht möglich, sich von ihr, von ihrem Bild, von ihrer Schuld zu distanzieren und zu befreien. Warum er keinen persönlichen Kommunikationsweg beschreitet, obwohl Hanna ihm durch ihre Dankesbriefe die Möglichkeit dazu bietet, bleibt offen. Gerade die Distanz, die sich durch das Vorlesen ergibt, gleichzeitig aber die Beschäftigung mit einem anderen Menschen ohne persönlichen Austausch ist es, was Michael braucht, um sich wohlzufühlen:
„Hanna war mir auf so freie Weise sowohl nah als auch fern, daß ich den Zustand hätte fort- und fortdauern lassen können. Das war bequem und egoistisch, ich weiß." (S. 181)
Er möchte sich nicht wirklich auf andere Menschen einlassen, auch nicht auf Hanna. Niemals hat er auf die Kassetten persönliche Bemerkungen oder Fragen gesprochen, nichts hat er je von seinem Leben berichtet (S. 176). Es bietet sich also auch an dieser Stelle an, die Frage zu diskutieren, warum Michael nicht auf Hannas Briefe reagiert und das Vorlesen beibehält, ohne ihre angeeignete Lese- und Schreibfähigkeit zur Kenntnis zu nehmen, geschweige denn seine Freude darüber kundzutun. Der Roman gibt insofern Aufschluss darüber, als der Ich-Erzähler beschreibt, warum ihm diese Art der Kommunikation entgegenkommt, er die Vor- und Nachteile des Vorlesens thematisiert (S. 174–176, 179, 181, 183, 186). Man könnte aber ebenso die These aufstellen, dass das Vorlesen und ritualisierte Abschicken der Kassetten eine Art Glaubensersatz darstellen, das Vorlesen vergleichbar ist mit dem Gebet, das Denken und Erinnern an Hanna vergleichbar mit den Gedanken eines Gläubigen an Gott, die ihn stets begleiten. Das Vorlesen hat aber auch einen rituellen Wert: Es strukturiert den Alltag von Michael und bietet eine Aufgabe, eine Art Hobby, das ihm ermöglicht, andere Menschen zu umgehen und also ohne Kontakte Kommunikation zu betreiben. Er bleibt Türöffner, was den bildungsbürgerlichen Literaturkanon betrifft, hält die Tür aber verschlossen, wenn es sich um sein persönliches Leben und das ihre handelt.
Auch das Schuldempfinden, verstärkt während des Prozesses und durch die Erkenntnis, eine Verbrecherin geliebt zu haben, wird er nie ganz überwinden. Dennoch ist ihm die Verantwortung, die ihm die Gefängnisdirektorin aufzwingt und die er selbst für Hanna empfindet, zuwider (182 f., 190). Er würde gerne weiterhin die vertraute Distanz zu Hanna haben, seine Empfindungen – z. B. die Angst vor einem Wiedersehen oder der Verantwortung ihr gegenüber – abstellen können.
Insgesamt hat sich Michaels innere Einstellung und soziale Haltung gegenüber Mitmenschen nicht verändert, sondern verstärkt. Der bewusste Rückzug in den wissenschaftlichen Elfenbeinturm (S. 171 ff.) sowie die Unfähigkeit, Freundschaften zu schließen und zu erhalten (S. 165 f.), werden noch durch das Gefühl des Betäubtseins gestärkt und gerechtfertigt.

neue Last durch Altlast
Verantwortung für die Resozialisierung von Hanna in die Gesellschaft

emotionale Verbindung
trotz Distanz eine innere Verbindung, die er nicht aufgeben will
Angst vor realer Nähe zu Hanna, da das geistige Bild von ihr einfacher zu handhaben ist

LM
TA

Was verbindet beide miteinander?

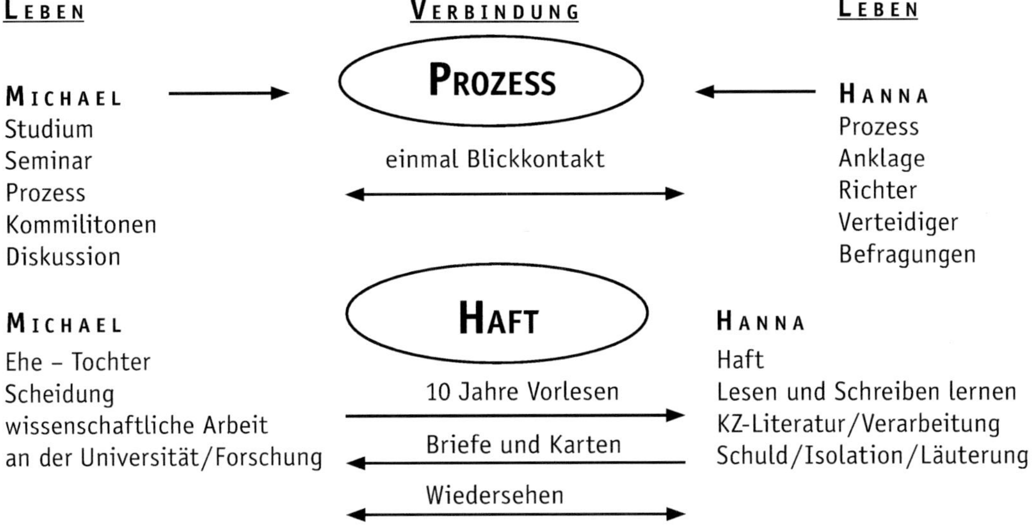

„Und sie werden nicht mehr frei ihr Leben lang."

LM

Hanna für Michael:	Michael für Hanna:
Initiation in die Liebe Zuneigung, Geborgenheit Männlichkeit Selbstsicherheit Genesung, schulischer Erfolg	Objekt der Begierde, Sexualobjekt Türöffner zur Literatur (Bildungsbürgertum) Verantwortung für einen Minderjährigen kein Kontakt kein Aufschluss über Gedanken, Gefühle
Berufswahl Prägung der Erwartung an Frauen Annäherung an den Vater Wahrnehmung der Natur (Sinne)	Türöffner zum Lesen- und Schreibenlernen Halt und Glaube an einen Menschen Hoffnung, Lebensmut? Lebenssinn?
Pflicht- und Verantwortungs-bewusstsein Aufgabe der Resozialisierung	einziger Weg nach ‚draußen'? einziger Kontakt

Motiv: Haus – Haussymbolik

LM

Schon am Anfang des Romans wird das Haus, in dem Hanna wohnt, in auffälliger Weise vom Ich-Erzähler wahrgenommen und beschrieben. Immer wieder taucht es in dessen Träumen auf und zieht sich wie ein Leitmotiv durch den Roman.

„Schon als kleiner Junge hatte ich das Haus wahrgenommen. Es dominierte die Häuserzeile. Ich dachte, wenn es sich noch schwerer und breiter machen würde, müßten die angrenzenden Häuser zur Seite rücken und Platz machen. [...]
Immer wieder habe ich in späteren Jahren von dem Haus geträumt." (S. 9)

Was hat das Bild des Hauses mit Hanna zu tun? Welche symbolische Bedeutung könnte dem Haus zukommen? Warum verlässt dieses Bild den Erzähler nicht?
Michael Berg hat nicht nur das Haus, in dem Hanna wohnt, als Junge verinnerlicht, sondern er träumt im Laufe seines Lebens immer wieder von dem Haus (S. 8–11, 199 f.). Was ihm im Alter von 15 Jahren als großes, mächtiges Haus erscheint, steht später in seinen Träumen in der Einöde oder im Stadtbereich – das gleiche Motiv in veränderter Umgebung. In fremden Stadtvierteln und Häuserzeilen ist es das bekannte Objekt, das Vertrautheit erweckt. Das Erblicken des Hauses im Traum

wirkt häufig beruhigend auf den Ich-Erzähler (S. 9). Obwohl er die Umgebung nicht immer identifizieren kann und es scheint, als ob die Erinnerung an das Haus bzw. an Hanna nicht jedesmal in seinen Lebensabschnitt zu passen scheint, findet er sich mit ihrer Bedeutsamkeit für sein Leben ab (S. 10).
Parallel zu der symbolischen Bedeutung des Hauses erhalten auch die von dem Ich-Erzähler beschriebenen Räumlichkeiten einen tieferen Sinn, der die Handlung unterstreicht und widerspiegelt. So ist es bezeichnend, dass den Räumen bei Hanna, nämlich Küche mit Badewanne und Schlafcouch (S. 13) die Veranschaulichung verschiedener Bedürfnisse zukommt, die gerade für Michael in seiner Lebenssituation und Entwicklungsphase wichtig sind: der mütterlich-weibliche Aspekt (Küche) ist ebenso zu finden wie der des Gefühlslebens bzw. der Sexualität (Couch). Genauso bedeutsam ist die Tatsache, dass Hanna sich bei einem Besuch in Michaels Elternhaus mit ihm im Wohnzimmer mit Bibliothek befindet, ein Zeichen für die dort vorzufindenen geistigen Tätigkeiten, die sie bewundert, selbst aber entbehren muss, weil sie ihr als Analphabetin unzugänglich sind.
Die Symbolik des Hauses wird unterschiedlich ausgelegt:

Es bildet einen geordneten, umfriedeten Bezirk. Das Haus ist aber auch das Sinnbild der kosmischen Ordnung und wird in der Traumdeutung verwendet. Dort wird das Haus als Symbol für Körper und Geist betrachtet. Die Fassade entspricht dem äußeren Erscheinungsbild, das Dach symbolisiert den Geist, das Bewusstsein und den Kopf. Auch dem Keller und anderen Räumlichkeiten werden Instinkte, Triebe, das Bewusstsein und die Psyche zugeordnet. So verdeutlicht der Zustand des Hauses den Zustand der jeweiligen Person.*

Der junge Ich-Erzähler zeichnet sich dadurch aus, dass er seine Umgebung ungewöhnlich genau wahrnimmt. Seine Beschreibung des Hauses, in dem Hanna wohnt, der Wohnung und der Küche, ist aufschlussreicher als die der Personen und von Hanna selbst. Bei Bernhard Schlink sind es Natur und Räume, die Situationen unterstreichen, kontrastieren oder widerspiegeln. Die Beschreibung der Personen lässt dem Leser größeren Freiraum zur eigenen Vorstellung als Ortsangaben und -beschreibungen.

Michael beschreibt das Haus als ein vierstöckiges aus diamantgeschliffenen Sandsteinquadern und Backsteinmauerwerk (S. 8). Auch Details wie Geländer und Gestaltung der Tür entgehen ihm nicht. Das Haus erscheint als robust, aber auch düster, nicht wirklich klar und überschaubar. Ähnlich erscheint ihm Hanna: robust und stark wie ein Pferd (S. 69), aber verschlossen, was ihre Vergangenheit, ihr Leben außerhalb des Rituals mit Michael betrifft (S. 75).
Die Wärme und Geborgenheit, die Michael in diesem Haus bei Hanna findet, sind ihm lebenswichtig und innerhalb seiner Familie vielleicht zu wenig zu finden. Er genießt es täglich, in dieses warme, mütterliche Nest zu kommen und sich einem vertrauten Ritual hinzugeben. Dieser Ort und die dort zu verbringende Zeit haben sich in seinem Tagesablauf etabliert und stellen eine Ordnung, eine Struktur dar. Bereits beim zweiten Treffen geht Michael auf Geheiß von Hanna in den Keller, um Kohlen zu holen. Hierbei beschmutzt er sich derart, dass Hanna ihm ein Bad anbietet – der Beginn einer sexuellen Beziehung. Glaubt man dem Symbollexikon, bedeutet der Keller bereits ein Hinweis auf die folgende Intimität, die freigesetzten Triebe.
Die Dominanz, Schwere und Breite des Hauses lassen sich aber auch auf die Person der Hanna Schmitz projizieren. Sie als die Ältere, Erfahrenere ist und bleibt in der ersten Phase der Beziehung dominant: Sie leitet Michael an, bestimmt häufig ihrer beider Handeln und den Verlauf von (Streit-)Gesprächen. Indem sie sich mit größerer Distanz und zur Schau getragener Gleichgültigkeit über den jungen Liebhaber stellt und kleine Machtspiele mit ihm austrägt (S. 49 f.), erscheint sie auch einnehmender – „schwer und breit" nicht nur als physische Dimension, sondern ebenso

*) vgl. Herder Lexikon. *Symbole*. Freiburg/i. Br., Basel, Wien 1978², S. 71.

als psychische. Sie nimmt den gesamten Raum ein; Michael braucht diese Konstellation eine Zeit lang auch, aber so bleibt kein weiterer Raum für Freunde, Familie und Freizeit.
Monate später, als er gesundheitlich und psychisch stabil ist und durch die gelebte Sexualität eine für sein Alter recht ungewöhnliche Entwicklung durchgemacht hat, nimmt er sich besagte ‚Freiräume'. Trotz dieser Erkenntnis oder gerade wegen seiner eigenen Distanzierung von Hanna bleibt sie nach ihrem unerklärlichen Verschwinden präsent. Zeitlebens wird er an dieser ersten Beziehung sein Frauenbild, seine Hoffnungen und Erwartungen an Beziehungen orientieren. Darin liegt auch die tiefere Bedeutung für die immer wiederkehrenden Haus-Träume Michaels.
Betrachtet man das Haus als Symbol für die Persönlichkeitsstruktur von Hanna, so wird in den Träumen deutlich, dass es nicht immer hell und offen ist. Distanz und Unzulänglichkeit (S. 10) stehen für die Verschlossenheit der Figur. Schon als Junge erkennt Michael Hannas Fähigkeit, sich in ihr Inneres zurückzuziehen und in sich selbst zu ruhen (S. 17). In seinen Träumen gelangt Michael nie in das Haus, der Traum bricht vorher ab. Ein Eindringen ist also nicht möglich, auch wenn er sich – stets alleine – dem Haus nähert. Mit diesem Bild wird dem Leser suggeriert, dass eine Auseinandersetzung mit der Vergangenheit zwar für den Ich-Erzähler wichtig ist, um das Schuld-Trauma der Jugend zu verarbeiten, dass er aber gleichzeitig nicht damit rechnen kann, dass Hanna dieses auch wünscht und sich für ein Gespräch öffnet. Ihre Person wird Michael ein Leben lang einnehmen und für ihn von außergewöhnlicher Bedeutung sein – sowohl was sein Frauenbild als auch was seine Berufswahl angeht. Seine Persönlichkeitsstruktur, die von dem Prinzip, sich immer ‚einzumauern' und emotional von anderen abzuschirmen, geprägt ist, ist ebenfalls von Hanna beeinflusst (vgl. S. 74 ff.).

3. Der Selbstmord von Hanna ...

Der überraschende Freitod von Hanna – wenige Stunden vor ihrer Haftentlassung – wirft viele Fragen auf. Zunächst muss man sich fragen, ob er innerhalb Hannas Werdegang und Entwicklung plausibel ist. Allem Anschein nach hat sie ihre individuelle sowie die historische Vergangenheit aufgearbeitet, ihr Handicap überwunden und auch Buße getan: Sie hat sich während ihrer langjährigen Haft mit ihrer Vergangenheit beschäftigt und diese vor alle übrigen Bemühungen, wie dem Aufbau einer Bibliothek im Gefängnis und ihrem Engagement für andere, besonders für blinde Häftlinge, gesetzt. Im weiteren Verlauf ihrer Haft ist sie allerdings nachlässig geworden, was ihre Körperpflege wie auch das Engagement betrifft.
Dennoch ist ihre Startsituation für die Reintegration in die Gesellschaft günstig, da sich Michael um ihre Belange kümmert und alles nötige Organisatorische einleitet. Vielleicht ist es aber gerade diese Verpflichtung, die die Gefängnisdirektorin dem Ich-Erzähler aufbürdet, die Hanna möglicherweise so nicht gewollt hat. Oder ist ihr das erst nach dem ersten Treffen mit Michael im Gefängnis bewusst geworden? (S. 184–188).
Hatte sie vielleicht Ängste vor der Zukunft, und wenn ja, warum konnte sie mit diesen nicht anders umgehen? Letztlich bleiben die Fragen unbeantwortet, da weder die Gefängnisdirektorin noch der letzte Brief von Hanna darüber Aufschluss geben. Kritische Leser werten denn auch diesen Schritt als einen Bruch in der Figur der Hanna.
So kann man – wie die Schüler es auch tun werden – lediglich einige Vermutungen anstellen, die sich allerdings innerhalb des Romangeschehens und in Zusammenhang mit den anderen Romanfiguren nicht hinreichend belegen lassen.

LM

TA

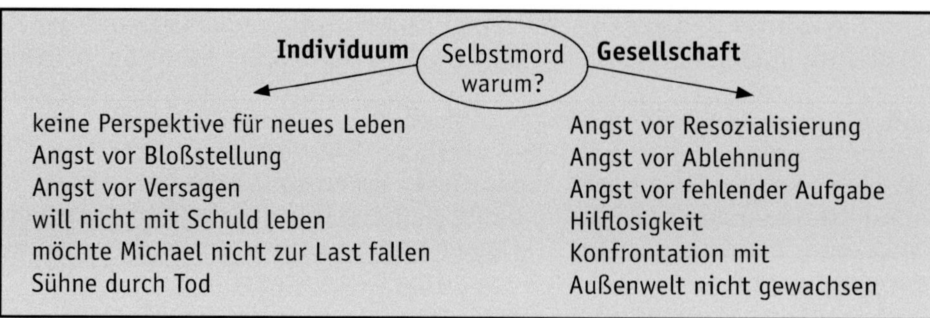

... und ihre Hinterlassenschaft

HE

Hanna hinterlässt Michael einen Auftrag, den sie in einem Brief – einer Art Testament – an die Gefängnisdirektorin (S. 195) formuliert: Er soll der jungen Amerikanerin, die als Zeugin in dem Prozess ausgesagt hat, ihr Vermögen von 7000 DM übermitteln.

Sie lässt Michael durch die Gefängnisdirektorin Grüße ausrichten, hat ihm aber keine persönliche Nachricht hinterlassen (S. 196). Der Ich-Erzähler überlegt, ob Hanna ihn kränken oder strafen wollte. Vielleicht wollte sie ihm einfach zeigen, wie es ist, wenn man eine Nachricht von einem Menschen erwartet, aber niemals eine erhält.

Durch den Auftrag, verbunden mit einer aufwändigen Reise nach New York, wird Michael erneut mit der Vergangenheit (Hanna / Prozess) konfrontiert und in ihr Leben bzw. in ihren Tod involviert. Er muss eine Pflicht erfüllen, die er eigentlich nicht übernehmen will. Möglicherweise möchte Hanna ihm dadurch die Möglichkeit geben, sich von ihr und ihrer beider Geschichte zu befreien. Vielleicht gibt sie ihm den Auftrag aber auch, um sich selbst endgültig reinzuwaschen, ihr Geld als eine Art Wiedergutmachung anzubieten.

Michael führt den Auftrag gewissenhaft aus, wenn auch erst einige Monate nach Hannas Tod. Das Treffen mit der Amerikanerin führt dazu, dass Michael das erste Mal in seinem Leben von der Beziehung zu Hanna und seiner Rolle als Vorleser spricht. So macht er eine Wandlung durch, die seine Haltung, die Verschlossenheit und Unnahbarkeit, möglicherweise konstant verändert. Aber auch darüber gibt der Ich-Erzähler bis zum Schluss keine Auskunft.

4. Das Schreiben

HE

Wenn man das Werk eines Autors liest, stellt man sich meistens die Frage nach biografischen Parallelen und also einem fruchtbaren biografischen Ansatz. Aufgrund der veröffentlichten biografischen Daten von Schlink lassen sich einige Parallelen ableiten und bestätigen, andere können nur vermutet werden.

Im Anschluss werden allein die Parallelen angeführt, die tatsächlich mit Aussagen von und Informationen über Bernhard Schlink übereinstimmen und damit Gültigkeit haben. Es schließt sich hier für die Schüler sicherlich die Frage an, warum man überhaupt biografische Elemente in eine fiktive Geschichte integriert, wo demnach die Vor- und Nachteile eines solchen Schreibens liegen oder der Sinn und Zweck überhaupt. Man könnte an dieser Stelle noch einmal auf das Schreiben von Literatur oder Schreibanlässe sowie den Begriff der Authentizität eingehen.

Verarbeitung durch Schreiben?

LM

Bernhard Schlink
Foto: ©Isolde Ohlbaum

Erinnerung und Verarbeitung. Ich wollte sie überdenken und in Worte fassen, da ich nie mit jemandem über Hanna gesprochen habe.

Mögliche Parallelen zwischen dem Ich-Erzähler und dem Autor

ZM

Geboren am 6. Juli 1944 in der Nähe von Bielefeld. Sein Vater war Theologieprofessor. Bernhard Schlink wuchs in Heidelberg und Mannheim auf. Jura-Studium, Promotion und Habilitation. Bernhard Schlink lebte in Bonn, mittlerweile lebt er in New York und Berlin. Er war bis 2006 Richter am Verfassungsgerichtshof für das Land Nordrhein-Westfalen in Münster und von 1989 bis 2009 Professor an der Humboldt-Universität Berlin für Öffentliches Recht und Rechtsphilosophie.
Er arbeitete vor der Wiedervereinigung an der Übergangsverfassung für die DDR mit.

Werke

Selbs Justiz. Zusammen mit Walter Popp. Roman
Zürich, Diogenes, 1987 (detebe 21543)
Die gordische Schleife. Roman
Zürich, Diogenes, 1988 (detebe 21668)
Selbs Betrug. Roman
Zürich, Diogenes, 1992 (detebe 22706)
Der Vorleser. Roman
Zürich, Diogenes, 1995 (detebe 22953)
Liebesfluchten. Geschichten
Zürich, Diogenes, 2000
Selbs Mord. Roman (2001)
Die Heimkehr. Roman (2006)
Das Wochenende. Roman (2008)
Sommerlügen. Erzählungen (2010)
Gedanken über das Schreiben. Heidelberger Poetikvorlesungen. Essay (2011)
Die Frau auf der Treppe. Roman (2014)
Olga. Roman (2018)

ZM

5. Vorlesen und Literatur
Der Vorleser ...

Die Umstände, die sich ein Vorleser zum Vorlesen wünscht, sind sehr unterschiedlich, ebenso wie die Texte oder Textstellen, die sich jemand als für eine Präsentation geeignet heraussucht. Beim Vorlesen ist aber nicht allein die Vermittlung des Textes wichtig, sondern auch die Wahl des Lesestoffes. Will man die Zuhörer begeistern, muss der Beitrag, der vorgelesen werden soll, beide ansprechen, Vorleser und Zuhörer.
Dementsprechend ist es nicht möglich, Vorstellungen der Schüler zu antizipieren. Hinzu kommt, dass die Vorprägung durch Literatur, Lesen und den Umgang mit Büchern in Klassenverbänden sehr unterschiedlich ausfällt, indem manche privat das Lesen ablehnen und sich, wenn überhaupt, mit der Schullektüre begnügen, andere wiederum richtige „Bücherwürmer" sind und die örtliche Bücherei zwei-mal wöchentlich aufsuchen.

Für die einen sind Bücher mühselige Staubfänger, andere sammeln sie wie Heiligtümer oder Fetische.
Die Rolle des Vorlesers verleiht, wenn er nicht sich selbst vorliest, eine gewisse Autorität gegenüber der Zuhörerschaft. Ziel ist es, die Zuhörer zu Komplizen zu machen, sie sollen mitlachen, mittrauern, mitweinen, den Text genauso wie der Leser genießen. Die Reaktionen des Publikums zeugen von der Qualität des Vor-lesens. Ich persönlich habe sehr liebe Autoren ihr eigenes Werk derart miserabel vorlesen hören, dass ich den Saal im Anschluss an die Lesung betrübt verlassen habe. Umgekehrt gab es aber auch Lesungen, die mich derart in den Bann gezogen haben, dass sich meine Begeisterung bezüglich des Werkes dieses Autors erheblich gesteigert hat.

... und sein Zuhörer

Aber auch derjenige, der gewillt ist, sich vorlesen zu lassen, der sich auf das Aben-teuer einlässt, sich von einer vertrauten Stimme eine Geschichte vorlesen zu lassen, der nicht selbst aktiv wird, sondern den Leser agieren lässt, spielt eine wichtige Rolle. Er begibt sich in eine Lesergemeinschaft, die eine Geschichte oder ein Gedicht wie eine verschworene Gemeinschaft zelebrieren, eine Zusammengehörigkeit durch den Leseakt demonstrieren.

Noch heute ist es zum Beispiel in Familien üblich, bei Familientreffen Textauszüge eines Romans vorzulesen und damit die Freude über eine Geschichte, eindrucksvolle Figuren oder Sprachkunstwerke zu teilen. Nicht Distanz zwischen Vorleser und Zuhörer wird evoziert, sondern im Gegenteil eine Einheit, eine Gemeinsamkeit, die verbindet.

Ein zwangloser Erfahrungsaustausch über die Lesegewohnheiten der Schüler ist denkbar. So kann die Rolle des Vorlesers Michael im Hinblick auf seine Zuhörerin Hanna reflektiert werden

Wie bereits an anderer Stelle angeführt, ist Hanna in der Beziehung die Dominante, die führt, zulässt, abweist. Allerdings bleibt ihr durch die Lese- und Schreibunfähigkeit eine Welt verborgen: die der Schriftstücke und der Literatur. In diesem Bereich ist ihr der junge Michael aufgrund seiner Herkunft aus dem Bildungsbürgertum überlegen.

Er wird auf ihr Geheiß hin der Vorleser, der Türöffner zur literarischen Welt. Damit ist für ihn auch eine Möglichkeit gegeben, nicht nur die Schullektüre in angenehmem Rahmen zu absolvieren, sondern auch Stärke zu zeigen in einem Bereich, den Hanna ihm völlig überlässt. Inwieweit das für Michael von Bedeutung ist und warum er als Erwachsener die Tätigkeit des Vorlesens erneut aufnimmt, sind weitere Fragen, die zur Diskussion gestellt werden können.

Eigene Vorschläge zum Vorlesen:

LM

Instrumentalisierung der Literatur im Roman

Das Vorlesen und die gemeinsame Welt der Literatur verbinden Hanna und Michael mit wenigen Unterbrechungen bis zu Hannas Tod. Inwiefern das Vorlesen von Bedeutung für beide ist, warum Literatur innerhalb eines Rituals und auch danach regelrecht instrumentalisiert wird, ist im Folgenden kurz skizziert:

Funktion des Vorlesens von Literatur ...

- ➪ Literatur als Annäherung, als Verbindung zwischen unterschiedlichen Lebenswelten
- ➪ es ist das einzige Gemeinsame, das sie sich schaffen
- ➪ es bedeutet das einzige Gesprächsthema, das ihren rituellen, privaten Rahmen sprengt
- ➪ es ist die geistige Ergänzung zur körperlichen Liebe, weckt „bildungsbürgerliches Urvertrauen" (S. 176)
- ➪ es hilft den Mangel an sozialen Kontakten überwinden, indem sie so in unterschiedliche fiktive Gesellschaften eindringen und mit ihnen leben

... für Michael

- ➪ ist es Alltag (Schule – Schullektüre) und die für Hanna durch ihren Analphabetismus verschlossene Welt der Bücher; er ist ihr Türöffner
- ➪ ist es die Möglichkeit, ihr einen Wunsch zu erfüllen und gleichzeitig den Schulstoff zu bewältigen und das Schuljahr erfolgreich zu bestehen
- ➪ bietet sich dadurch später die Möglichkeit, sich völlig abzulenken durch konzentriertes Lesen, seine Gegenwart zu vergessen und in eine andere Welt hinüberzugleiten, indem er die aktuelle missliche Lage seines Gefühlslebens, besonders nach seiner Scheidung, mit fiktiven Geschichten überlagert:
  „Es verstand sich für mich, dass experimentelle Literatur mit dem Leser experimentiert, und das brauchten weder Hanna noch ich. [...] Beim Vorlesen merkte ich, ob das Gefühl stimmte." (S. 176)
- ➪ bleibt es die einzige Art und Weise, mit Hanna zu kommunizieren (S. 180)

... für Hanna

- ➪ ist es zu Beginn der Beziehung Teilnahme an Michaels Leben und Überwindung ihres Defizits
- ➪ offenbart sich ihr eine für sie unzugängliche Welt, die der Literatur
- ➪ ist es eine Hilfe bzw. Möglichkeit, die Vergangenheit nicht thematisieren zu müssen
- ➪ birgt es die Hoffnung, durch Briefe über das Thema Literatur mit Michael kommunizieren zu können (diese Hoffnung bleibt unerfüllt)
- ➪ sie teilt Michael aus dem Gefängnis öfter mit, was sie von der vorgelesenen Literatur hält: „Ihre Bemerkungen über Literatur trafen oft erstaunlich gut." (S. 179)
- ➪ ist es vielleicht Trost und Hoffnung in der Haft; sie hat Angst davor, dass es beendet werden könnte:
  „‚Es geht so. Vorgelesen bekommen ist schöner'. Sie sah mich an. ‚Damit ist jetzt Schluß, nicht wahr?'" (S. 186)

ZM

Kurzreferate zu der im Roman genannten Literatur und deren Autoren: „Vorgelesene" Literatur

Seite	Autor	Titel
40	Thomas Mann	Die Bekenntnisse des Hochstablers Felix Krull
40	Stendhal	Le rouge et le noir
40	Johann Wolfgang von Goethe und Charlotte von Stein	
42/174	Homer	Odyssee
42	Cicero	Reden gegen Catilina
42	Ernest Hemingway	Der alte Mann und das Meer
43	Gotthold Ephraim Lessing	Emilia Galotti
43/69	Friedrich Schiller	Kabale und Liebe (Theateraufführung)
56	Joseph von Eichendorff	Aus dem Leben eines Taugenichts
57	Rainer Maria Rilke	Gedichte
57	Gottfried Benn	Gedichte
61/134	Immanuel Kant	
61/134	Georg Wilhelm Friedrich Hegel	
67	Lew Nikolajewitsch Tolstoi	Krieg und Frieden
174	Anton Tschechow	Erzählungen
174	Arthur Schnitzler	Erzählungen
175	Gottfried Keller	
175	Theodor Fontane	
175	Heinrich Heine	
175	Eduard Mörike	
176	Franz Kafka	
176	Max Frisch	
176	Uwe Johnson	
176	Ingeborg Bachmann	
179	Siegfried Lenz	
179	Stefan Zweig	
179	Johann Wolfgang von Goethe Gedichte	

„Hannas" Literatur

Seite	Autor
193	Primo Levi
	Elie Wiesel
	Tadeusz Borowski
	Jean Améry *)
	Rudolf Höss
	Hannah Arendt
	wissenschaftliche Literatur über Konzentrationslager, Täter und Opfer

HE

Alle angegebenen „vorgelesenen" Werke stammen von Autoren aus dem „klassischen" Lektürekanon der Allgemeinbildenden Schulen. Man könnte Kurzreferate zu einzelnen Autorenbiografien oder zu einem Werk eines Autors anfertigen lassen. Auch ist es möglich, die Schüler einzelne Gedichte oder Auszüge aus Romanen wählen zu lassen, um sie in der Klasse vorzulesen.
Daneben bietet sich natürlich an, die von Hanna im Gefängnis gelesenen Autoren vorzustellen und jeweils einige Stellen – aus authentischen Berichten – auszuwählen und zu präsentieren.

*) Anmerkung der Autorin: Es handelt sich möglicherweise um Jean Améry: *Hand an sich legen. Diskurs über den Freitod.* Klett-Cotta. Stuttgart 1992[6].

SH46

V. Allgemeine Aspekte

1. Lebensläufe
Wie?

HE

Bestimmte Verhaltensweisen und Haltungen wiederholen sich im Laufe eines Menschenlebens immer wieder und bezeugen eine Grundeinstellung, derer man sich nicht unbedingt bewusst sein muss.
Um Hanna und Michael – auch in einer möglichen Ambivalenz – zu erfassen, sollen die Schüler sich drei der für sie wichtigsten Merkmale der Figuren heraussuchen. Im Folgenden geht es darum, diese Wahl kurz zu begründen und mit Beispielen und Textstellen zu belegen. Damit üben die Schüler einerseits, Äußerungen adäquat zu begründen, andererseits lernen sie, sich schnell innerhalb eines längeren Textes zu orientieren. Die damit verbundene Suchübung ist insofern relevant, als die Schüler in der Lage sein müssen, einen Textausschnitt möglichst schnell in den Kontext einzuordnen bzw. inhaltlich zu der jeweiligen Textstelle hinzuführen. Sind die Belege oder Begründungen nicht kohärent, werden sie in der Klasse dis-kutiert und anderen Ansätzen gegenübergestellt.

LM

M–H *ohnmächtig*	*verbissen*	M *stolz*	H *hilfsbereit*
impulsiv	*habgierig*	*zuversichtlich*	
M *sachlich-rational*	H–M *aufgebracht*	M *fleißig*	
spielerisch	H–M *flüchtig*		H *unaufrichtig*
zielstrebig	*kontaktfreudig*		H *ehrlich*
unternehmungslustig		M *feige*	H–M *hilflos*
H *zurückhaltend*	H–M *verdrängend*	*mutig*	
H *sprachlos*	H–M *gleichgültig*		H *gutmütig*
sportlich	M *beziehungsunfähig*		*vertrauensselig*

☞ Attribute, die auf Michael zutreffen, sind mit „M" gekennzeichnet; jene, die für Hanna relevant sind, mit „H". Die übrigen Adjektive treffen weder auf die eine noch auf die andere Figur zu.

Was und wann?

HANNA SCHMITZ		MICHAEL
Geburt in Hermannstadt	21. Oktober 1922	
Kindheit in Siebenbürgen Arbeit bei Siemens in Berlin	1939–40	
SS-Wachdienst (Herbst)	1943	Geburt (Sommer)
Aufseherin in Auschwitz (Frühjahr) Aufseherin im Lager bei Krakau (Winter)	1944/45	
Gelegenheitsjobs in Kassel	1945	
8 Jahre in Heidelberg Straßenbahnschaffnerin	1958	Gelbsucht
	Beginn der Beziehung	
Hanna zieht nach Hamburg	1959	Schule (Kl. 11–13), Abitur und Studium der Rechtswissenschaft in Heidelberg
Beginn der Verhandlung Angeklagt wegen NS-Verbrechen (Frühjahr) Verurteilung (Juni) zu lebenslänglicher Freiheitsstrafe	1966	studentischer Beobachter des Prozesses
	1968	Beginn des Referendariats (Sommer), Kennenlernen von Gertrud,
	1969	Heirat Gertrud, Geburt von Tochter Julia
	1973	Scheidung von Gertrud
	1974	
Hanna lernt autodidaktisch lesen und schreiben Hanna schickt Briefe an Michael	Michael schickt Hanna Kassetten, auf denen er ihr vorliest (bis 1984)	
	1978	Brief von der Gefängnisleiterin Vorbereitung für Hannas Entlassung
Freitod (einen Tag vor Entlassung)	1982 1983	Treffen der Augenzeugin in New York
	1984	
		Zweiter Besuch des Lagers Natzweiler-Struthof
	1994	Schreiben des Romans

Ist es so?

HE

Als Leser fragt man sich, ob Hanna in der Ambivalenz ihrer Persönlichkeit tatsächlich dem typischen Aufseherinnen-Profil des Dritten Reiches entspricht.
Zwei Texte sollen helfen, die fiktive Figur der Hanna Schmitz mit realen Personen bzw. Profilen aus dieser Zeit zu vergleichen.
Sinn dieser Aufgabe ist, Texte zu lesen und zu exzerpieren sowie die Exzerpte so zu strukturieren, dass sie sich in das vorgegebene Raster einfügen. Der Vergleich dient der zusätzlichen Information für Schüler, die keine genaue Vorstellung haben können von den Beweggründen, sich als Lageraufseherin zu betätigen und Befehle auszuführen. Darüber hinaus wird ihnen suggeriert, dass auch ein Schriftsteller möglicherweise historische Figuren oder Tatbestände als Impuls für eine fiktive Geschichte oder fiktive Figuren nutzt. Ob Schlink die Figur Hanna Schmitz in diesem Fall tatsächlich von der real existierenden Hermine Ryan-Braunsteiner abgeleitet und nach ihrem Beispiel modelliert hat, muss offen bleiben.

LM

Profil der Aufseherinnen	Hanna Schmitz	Hermine Ryan-Braunsteiner
gutes Gehalt im Angestelltenstatus Aufstiegschancen keine beruflichen Vorkenntnisse nötig	keine richtige Ausbildung Arbeit im Lager kommt ihr entgegen, da sie Analphabetismus verbergen möchte Angst vor Offenbarung bei Siemens	minderbemittelte Familie harte Arbeit, wenig Lohn Hilfsarbeiterin Arbeit in Munitionsfabrik nahe Berlin (Großstadt) Vermieter macht sie auf Aufseherposten aufmerksam, Verdienst lockt
junge Frauen gesucht, physisch kräftig und stabil	Voraussetzungen gut: jung und körperlich kräftig	angeblich häufige Erkrankungen
Anonymität: „Frau Aufseherin“ (keine Namen)	Anonymität entspricht Hannas Lebensprinzip	
Spitznamen, z. B. „Kobyla“ (polnisch: Stute)	Michael nennt sie „Pferd“, „Stute“	„Stute von Majdanek“
	im Gerichtssaal äußert sie ihr Pflichtbewusstsein und ihre Hilflosigkeit	rechtfertigt sich mit dem Bild des „Rädchens im Getriebe“ und ihrer Jugend
	Anklage wegen Selektionen im Lager	Anklage wegen Selektionen im Lager
	Brutalität und Gewalttätigkeit wird bei Hanna nur andeutungsweise thematisiert	Brutalität und Gewalttätigkeit
	peitschende Aufseherin ist Hanna nur in den Träumen von Michael ein Übereifer ist nicht erkennbar	Menschen jagen und peitschen: „Übereifer“
	eher als Mitläuferin dargestellt, nicht als karrieresüchtige Frau	Egoismus, Karrieresucht, Eifer
	Urteil: lebenslange Haft	Urteil: lebenslange Haft

2. Charakterisierung
Literarische Charakterisierung

Die Personen, die nicht unmittelbar oder nur marginal in die Handlung verstrickt sind, bieten die Möglichkeit zu weiterer Charakterisierung. Obwohl man sehr wenig über die einzelnen Familienmitglieder, Kommilitonen und Michaels Frau Gertrud erfährt, und dieses Wenige aus der ausschließlich personalen Perspektive des Ich-Erzählers, kann man sich doch einiges erschließen. Wie kleine Mosaiksteine setzen sich die bruchstückhaften Informationen zu einem Bild zusammen, das wiederum Michael charakterisiert.

So kann man nicht behaupten, dass allein Hanna Michaels Persönlichkeitsentwicklung geprägt hat, denn auch seine Familie, insbesondere sein Vater, ist für dessen Entwicklung mitverantwortlich.

Dieser, Professor für Philosophie und ‚vergeistigter' Wissenschaftler, zeigt sehr wenig Interesse an den Kindern, die – wie auch seine Studenten – Termine erbitten mussten, um mit ihm zu sprechen (S. 134 f.).

Die Beschreibung des Vaters durch den Ich-Erzähler ist von mangelnder Nähe und Emotion geprägt. Keine Zärtlichkeiten, lediglich kurze Gesprächstermine mit konkretem Anlass als Hintergrund waren für den Sohn möglich.

Den Ausgleich für die defizitäre Nähe und Liebe, verursacht durch einen Vater, der Respektsperson ist und den Kindern gegenüber eher Gleichgültigkeit vermittelt, und einer zwar fürsorglichen, aber untergeordneten Mutter, die die fehlende Zuneigung des Vaters nicht zu kompensieren vermag, findet Michael bei und durch Hanna. Insofern ist die Familie des Ich-Erzählers unmittelbar an dem Werdegang des Sohnes beteiligt. Dem Leser drängt sich die Schlussfolgerung auf, dass gerade durch die familiären Hintergründe für Michael die Beziehung zu Hanna äußerst wichtig ist. Von den Eltern wie auch den Geschwistern, einem älteren Bruder, einer älteren und einer jüngeren Schwester, erfährt man wenig, was ebenfalls dafür spricht, dass von einer intakten und liebevollen Familie nicht ausgegangen werden kann. Auch dieser Denkansatz bestätigt die Flucht in ein Haus – Hannas Haus –, das Wärme und Geborgenheit gewährt und dem jungen Erzähler darüber hinaus einen Raum bietet, in dem sich alles auf ihn als Individuum konzentriert, in dem er Mittelpunkt ist, ohne sich Zeit, Zuneigung und Zärtlichkeit erkämpfen zu müssen (vgl. S. 61 ff.).

Während der Vater keine emotionale Beziehung zu Michael sucht und der Sohn gerade hier mehr Zuneigung, Interesse und Aufmerksamkeit erwartet hätte, sind die übrigen Figuren innerhalb des Sozialisationsfeldes immer wieder bemüht um Nähe, Offenheit, Kommunikation. Doch gerade das lehnt Michael ab: Er zieht sich zurück, betäubt und unantastbar, sodass weder seine Mutter, Kommilitonen oder Mitreferendare noch seine Frau ihn öffnen und eine wirkliche Beziehung zu ihm aufbauen können. Auch schon seine Mitschüler haben es nicht geschafft, sein Vertrauen zu gewinnen.

So dienen die Personen um Michael als Spiegel für seine Verschlossenheit, seinen Mangel an Kommunikationsbereitschaft und seine Beziehungsunfähigkeit. Aus seiner Perspektive werden die Bemühungen der anderen um ihn sichtbar, wahrnehmen wird er sie allerdings nicht. Die Beziehung zu seiner Frau belegt er nicht mit Worten wie ‚Liebe' oder ‚Zuneigung', sondern ‚Loyalität' (S. 165). Eher scheint es sich um ein sexuelles Verhältnis zu handeln, das durch die Schwangerschaft in die Ehe mündet – eine rationale Entscheidung. Entsprechend seiner Äußerungen ist die These aufzustellen, dass er sich um die Beziehungen bemüht, die ihm verweigert werden (Vater, manchmal Hanna), sich aber verschließt gegenüber der Bereitschaft anderer, die sich auf ihn einlassen und ihn einbeziehen wollen.

Die Unfähigkeit Michaels, Beziehungen und Bindungen einzugehen, ist ihm sowohl von Hanna als auch von seinem Vater vorgelebt worden. Dass er sich häufig entscheidungs- und kampfunfähig in sein Schicksal ergibt – z. B. hinsichtlich seiner Freundschaften, des Scheiterns seiner Ehe, der Zukunft seiner Tochter, ist zwar primär von Hanna, sekundär aber auch von seinen Eltern geprägt worden.

TA

Bemühungen um Nähe und Beziehung
Offenheit und Austausch
Mutter, Mitschüler und -studenten, Mitreferendare → **MICHAEL** → **Vater, zeitweise Hanna**
abweisende Haltung
keine emotionale Bindung

↑
Julia
↓
Gertrud?
Loyalität, Distanz

LM

Vater

29 ff. Professor für Philosophie, Denken ist sein Leben, wenig Interesse an den Kindern („Haustiere")
die Verspätung von Michael nimmt er verärgert, nicht besorgt auf
unterstützt seine Frau kaum in Erziehungsfragen, wenn diese nachfragt
nimmt Michael und seine Entscheidungen ernst (Schule gehen)
88 redet nicht über sich (Verlust der Stelle)
134 ff. ist verschlossen und gefühlskalt
Kinder müssen Termine erbitten, um mit ihm zu sprechen
kann Michael nicht helfen – zu große Distanz
kennt seinen Sohn nicht, wird ihn nie verstehen können
erkennt vielleicht im Nachhinein sein Versäumnis – die Unfähigkeit, auf seinen Sohn einzugehen, als dieser ihn während des Prozesses um ein Gespräch bittet (Schuld?)

Mutter

7 Hausfrau
kümmert sich um Erziehung und Anstand (Blumen als Dank)
5/29 ff. ist fürsorglich, aber unsicher
51 besorgt, dass Michael die Radtour (mit einem Freund) machen will
auch keine Bezugs- oder Vertrauensperson – vielleicht wäre sie es gerne
ist nicht fähig, sich ihrem Sohn zu nähern, damit er sich ‚öffnet'

(älterer) Bruder

29 ff. drei Jahre älter als Michael
Michael und er teilen das Zimmer
fällt ihm bei der Erklärung der Verspätung in den Rücken
früher haben sie sich geprügelt, später kämpfen sie verbal
ist ein Nörgler
haben keine Vertrauensbasis oder freundschaftlichen Umgang

(ältere und jüngere) Schwester

29 ff. sind nicht solidarisch
58 f. kleine Schwester nutzt ihn aus, verführt ihn zum Diebstahl – gleichmütig

Mitschüler/-innen

64 erster Freund ist Rudolf Bargen: ruhig, verlässlich, korpulent
73 f. Sophie, Mitschülerin, macht sich Sorgen um Michael
erkennt, dass er ein Geheimnis hütet, will ihm helfen
kommt nicht wirklich an Michael heran – es bleibt eine Distanz
84 f. treffen sich drei Jahre später wieder und schlafen miteinander – Sophie ist enttäuscht von Michael, erkennt seine Härte, seinen Egoismus – hat keinen Zugang zu ihm.

Kommilitonen/Mitreferendare

89 eifrig, bilden eine verschwörerische Gemeinschaft (Prozess) – Identifikation
würden Michael aufnehmen, aber dieser distanziert sich – offen

159 ff. fragen Michael dennoch, ob er mit ihnen Skiurlaub macht – beziehen ihn ein
ziehen ihn auf und wundern sich über seine Eigenheiten

169 man kennt sich (Beerdigung) – ehemaliger Mitstudent geht offen auf Michael zu, fragt ihn nach seinem Werdegang – Michael weist ihn ab

Gertrud

164 ff. Jurastudentin, später Richterin
gescheit, tüchtig, loyal
heiratet Michael, als sie schwanger ist
Doppelbelastung Beruf – Kind, Haushalt
Scheidung, als Tochter Julia fünf Jahre alt ist

171 hat nicht sehr viel von Michael erfahren (nichts von Hanna)
merkt, dass Michael in die Wissenschaft flieht, weiß aber nicht den Grund
erkennt, dass er keine Verantwortung übernehmen, sich nicht einlassen will
ist wohl auch eher distanziert, sachlich
eher lebenstüchtig und erfolgreicher als Michael?

Darstellung der Figuren in einem Tableau

Als Gesprächsanlass dient ein Tableau (Standbild), das von Schülern dargeboten wird. Es geht darum, eine typische Situation aus dem Roman in einem bewegungslosen Bild festzuhalten. Die übrigen Schüler müssen erraten, um welche Person oder Situation es sich handelt. Ist niemand in der Lage, die Lösung zu finden, treten die darstellenden Schüler in Aktion: Sie sagen einen für das gewählte Tableau typischen Satz einer Person, machen eine Handbewegung oder spielen die Situation an.
Das Tableau dient als Hinführung zum Themenkomplex „Literarische Verfilmung – verfilmte Literatur". Die Lerngruppe hat die Möglichkeit, sich noch einmal diagonal durch den Roman zu bewegen und wichtige, eindrucksvolle Momente und Szenen aus dem Handlungsverlauf darstellend aufzugreifen. So ist es den Schülern vielleicht schon an dieser Stelle möglich, eine Auswahl der Szenen zu treffen, die sich besonders für eine eigene Videoverfilmung eignen. Am Ende der Darstellung der Standbilder sollte also die Frage stehen: Welche Szene setzen wir filmisch um? Je nach Klassenstärke und aufgrund der Reduktion der handlungstragenden Figuren im Roman ist es angebracht, mehrere Filmcrews zusammenzustellen. Dementsprechend könnte man von allen Gruppen dieselbe oder eben unterschiedliche Szenen umsetzen lassen, was die Schüler selbstständig entscheiden.

HE

3. Literarische Verfilmung – verfilmte Literatur

Im Jahr 2008 wurde *Der Vorleser* in der Regie von Stephen Daldry verfilmt. 2009 lief er in den deutschen Kinos. Nunmehr sind mehrere Fassungen auf DVD verfügbar. In den letzten Jahren ist die Filmanalyse wie auch alle übrigen Massenkommunikationsmittel immer stärker in den Mittelpunkt der wissenschaftlichen und öffentlichen Diskussion gerückt. Die Verbreitung des Films, bestätigt durch ein stetig anwachsendes Publikum, macht einen visuellen Verstehensprozess notwendig, den man auch in der Schule nicht negieren darf.
Reine Konsumhaltung ist also zu überwinden durch eine Auseinandersetzung mit visueller Kultur. Es geht nicht darum, filmtheoretische Ansätze zu vermitteln und zu diskutieren, sondern den Schülern einige Begriffe und Kriterien der visuellen Wahrnehmung sowie der Film- und Bildgestaltung an die Hand zu geben. Dieses Verständnis anschließend in der Analyse einer Filmsequenz oder in einem Dreh umzusetzen bzw. selbst Regie zu führen, darzustellen, zu gestalten und gemeinsam eine Filmproduktion zu schaffen, ist für Schüler eine verlockende Herausforderung.
Das Schülerheft enthält dazu auf den Seiten 54–56 Materialien und Anregungen.

Das Arbeitsblatt auf Seite 78 dient ergänzend als Vorlage zur Erstellung eigener Drehbücher. Als Alternative zum Drehen kann auch ein gezeichnetes Storyboard erstellt und gestaltet werden. Dabei werden die einzelnen Sequenzen nummeriert und gezeichnet.

Die Frage nach der Legitimation von Literaturverfilmungen als Herabsetzung oder auch Trivialisierung eines literarischen Stoffes durch die filmische Adaption wird immer wieder gestellt. Dennoch bleibt unbestritten, dass Literaturverfilmungen einen eigenen künstlerischen Wert aufweisen können. Seit den 1930er-Jahren ist die Zusammenarbeit von Regisseuren und Literaten keine Ausnahme, haben Schriftsteller Drehbücher entworfen oder daran mitgearbeitet. Die Verschränkung literarischer und filmischer Produktion ist heute alltäglich geworden.

Folgende Aspekte werden beim Drehen und Analysieren einer Filmszene relevant:

ZM

Bedeutung der Kamerabewegung: Bilder drücken Handlung aus
- Umfeld verdeutlichen
- Beziehung zwischen Personen aufzeigen
- Situationen hervorheben durch Bildausschnitte
- Erzeugung von Monotonie bzw. Spannung oder Verwirrung
- Verhältnis von Personen zum Umfeld, zur Umwelt

Bedeutung der Geräusche/Musik:
- Charakterisierung von Personen/Situationen
- Ausdruck von Stimmungen: Ruhe, Langeweile, Spannung, Angst, Freude, ...
- Geräusche/Musik unterstreichen oder ersetzen Handlung

Bedeutung von Gestik/Mimik:
- Veranschaulichung innerer Verfassung
- Hervorhebung des Charakters, der Gefühle

Bedeutung von Perspektive/Hintergrund:
- Perspektive vermittelt das Gefühl von Nähe oder Distanz zum Geschehen
- Hintergrund stellt Raum und Rahmen des Themas dar

Darstellung von Gedanken, Träumen, Zeit (Vergangenheit oder Zukunft):
- Schleier, Rauch, Folie
- unscharfe Bilder
- Farbfilter, Schwarz-Weiß-Aufnahme
- Off-Stimme/Erzähler

Klassen- bzw. kursübergreifende Abschlusspräsentation:

Wenn Schülergruppen eigene Filmszenen gedreht haben, sollte der Arbeitsaufwand nicht nur in der eigenen Lerngruppe Resonanz finden. Daher bietet es sich an, den Film in einem anderen Kurs vorzustellen. Hier ein Vorschlag zur Vorgehensweise:

- ➪ Erläuterung des Themas, der Situation, des Textzusammenhangs
- ➪ Vorlesen der Szene
- ➪ Präsentation des Videofilms/der Szene als gezeichnetes ‚Storyboard'
- ➪ Diskussion im Forum über die Präsentation und weitere Möglichkeiten
- ➪ Verfassen einer Filmkritik oder einer Rezension

Beliebig erweitert werden kann die Präsentation durch Vorträge, Rollenspiele, Standbilder oder eine Ausstellung der Illustrationen zu dem Roman. Es ist denkbar, dass aus allen thematischen Komplexen Arbeitsergebnisse vorgestellt werden und somit die Frucht der Bemühungen nicht nur den eigenen Klassenraum füllt – dies allerdings hängt von dem zur Verfügung stehenden Zeitbudget und dem Engagement der Schüler ab.

Wir drehen einen Film
DREHBUCH

Handlung/ Aktion	Darsteller	Dialoge	Gestik/Mimik	Ton/Musik	Kameraeinstellung/ Perspektive	Zeit	Requisiten

VI. *Der Vorleser* von Bernhard Schlink in Schrift und Bild – ein Roman-Film-Vergleich

Literaturverfilmungen sind grundsätzlich umstritten, da sie immer an der sehr guten oder eben nur mäßigen literarischen Vorlage gemessen werden. Für den einen ist eine Filmadaption dann gelungen, wenn sie der Romanvorlage strikt folgt, für den anderen, wenn sie sich der filmischen Mittel derart bedient, dass neue Kompositionen und Eindrücke entstehen.
Ebenso umstritten ist die filmische Umsetzung des *Vorlesers* von Regisseur Stephen Daldry, liest man die veröffentlichten Kritiken. Zu nah am Text, zu weit von der Thematik entfernt, gut gespielt, schlecht getroffen.
Hat man den *Vorleser* im Unterricht als Roman thematisiert, ist es ein gelungener Abschluss, den Schülern die Betrachtung des Films anzubieten und Roman wie Film vergleichend zu analysieren. Ziel ist es, die Schüler nicht nur im medienpädagogischen Sinne mit einer literarischen Filmadaption zu konfrontieren, sondern auch zu sensibilisieren. Die immense Medienerfahrung Jugendlicher als Fernseh- und Kinokonsumenten soll genutzt und auf eine analytische Ebene gebracht werden. Damit wird dem Medium Film als Genre die Aufmerksamkeit gewidmet, die heute angemessen ist.

Roman-Film-Vergleich

Der erste Teil des Films gibt recht detailgetreu die Beziehung des jungen Michael Berg zu Hanna Schmitz wieder: das Lokalkolorit durch die gewählten Schauplätze, die Beziehung durch die Annäherungen und die ritualisierte Sexualität, die Zerrissenheit von Michael durch die Lebensbereiche Schule/Freizeit und Vorlesen/Liebe. Dass hier die erotischen Szenen und Bettsequenzen einen breiten Raum einnehmen, liegt einerseits an der im Roman angelegten Schlüsselfunktion der Initiation eines jungen Mannes in die Liebe, andererseits aber auch an der Kommerzialisierung von Film schlechthin.
Nicht aufgegriffen sind Reflexionen zur Symbolik von Haus und Straße, verbunden mit Traumdeutung, oder Gedanken zur Thematik ‚denken – entscheiden – handeln'. Und genau derartige Erinnerungen und Gedanken, die sich Michael während des Prozesses immer häufiger macht, fehlen im zweiten Teil des Films vollkommen. Hier wird das Betäubtsein ersetzt durch das Schweigen. Die Sprachlosigkeit der Figur allerdings wird nicht seinem im Roman thematisierten Schuldbewusstsein, seiner Scham, seiner Hilflosigkeit und seinen Versuchen, das Leben zu ordnen, gerecht. Schweigend geht er durch den Prozess, schweigend begegnet er seinem Professor oder Hanna. Die Introspektion, der Schlink in Form von ‚erlebter Rede' oder ‚Rückblicken' Bedeutung einräumt, fehlt der Figur Michael im Film. Der Regisseur Daldry setzt kaum Rückblenden und keine Off-Stimme ein, um innere Monologe einfließen zu lassen, sondern wählt die Augen, den langen Blick der Protagonisten. Nur allein durch Schauen und Blicken sind Gedankenwelten nicht zu offenbaren. Die Blicke kann eigentlich nur derjenige deuten und verstehen, der die Romanvorlage kennt. Ohne diese Voraussetzung ist die Frage nach Schuld, Mitschuld, Kollektivschuld und Scham aus der Perspektive beider Protagonisten beim besten Willen nicht erkennbar. Im Gegenteil: Der Zuschauer wird durch die Teilvisualisierung des Selbstmords von Hanna – Großaufnahme der Füße von Hanna, die auf Bücher steigen, welche auf dem Zellentisch deponiert wurden – zu Empathie und Mitleid mit der Täterin verleitet. Entsprechend gestärkt wird dieses Gefühl, als die kühle, abweisende Jüdin als einzige Überlebende des Kirchenbrandes im Gespräch mit Michael weder Verständnis noch Entgegenkommen für sein Anliegen im Namen von Hanna zeigt. Aber ob dieses Mit-Gefühl des Zuschauers für Hanna gewollt ist oder nicht, bleibt schon in der Romanvorlage offen. Der Regisseur Daldry entscheidet sich.

Der Film-Vergleich im Unterricht

Um einen ergiebigen Filmvergleich zu ermöglichen, ist es sinnvoll, unterschiedliche Gruppen mit Arbeitsaufträgen zu betrauen. So kann jede **Expertengruppe** auf **einen wesentlichen Aspekt** achten und anhand ihrer Notizen Ergebnisse formulieren, die im Anschluss an die **Präsentation** innerhalb des Kurses oder der Klasse diskutiert werden.
Auf dem **Arbeitsblatt** (S. 81) sind wichtige Aspekte als Aufgabenstellung für acht Gruppen formuliert und zusammengestellt worden. Wichtig ist an dieser Stelle der Hinweis, dass jeder Schüler während der Filmvorführung für sich arbeitet und die Ergebnisse erst im Anschluss in Partner- bzw. Gruppenarbeit einbringt und analysiert.
Die Vorgehensweise mündet darin, im Anschluss an die Präsentationen manche Sequenzen nochmals mit der Romanvorlage zu vergleichen und zu überprüfen. Allein von den erarbeiteten Aspekten ausgehend, kann eine **vergleichende Untersuchung im Detail** folgen.
Durch diese Filmbetrachtung eröffnen wir den Schülern nicht nur die Kriterien der Filmanalyse, sondern vor allem die besonderen Konditionen der audiovisuellen Umsetzung einer literarischen Vorlage.
Eine Diskussion über die Rollenbesetzung oder eine **erörternde Diskussion** über ein Zitat aus einer Filmkritik könnte den Abschluss bilden

Es geht in erster Linie nicht um eine Be- oder Verurteilung der Filmadaption, da die Schüler vielmehr Folgendes lernen können:

- Fachbegriffe und Kriterien der Filmanalyse
- Grenzen und Möglichkeiten einer Filmadaption
- Diskrepanzen zwischen Text, Bild und Ton als Zeichensysteme
- Vorzüge des jeweiligen Genres auf inhaltlicher und formaler bzw. medialer Ebene
- Perspektive des Rezipienten und Rezensenten
- Erörterung und Diskussion von Zitaten (z. B. Brecht)

In diesem Sinn ist die Einheit zum Film *‚Der Vorleser‘* empfehlenswert und lohnend.
Ausgehend von den durch die Schüler festgestellten Aspekten schließen sich die Analysen kurzer Sequenzen an, die deshalb nicht generell antizipiert werden können. Es bieten sich angesichts der Nähe zur literarischen Vorlage dafür beson-ders Sequenzen an, die durch Bildmontage bzw. Parallelmontage das Genre Film in besonderer Weise nutzen. Als Handreichung dafür stehen Lösungsmöglichkeiten und -ansätze (S. 82/83) zur Verfügung.

Der Vorleser von Bernhard Schlink in Schrift und Bild – ein Roman-Film-Vergleich

①

Vergleichen Sie den **Romananfang** (Teil I, Kapitel 1–6) mit dem Filmanfang. Halten Sie die Unterschiede fest und erklären Sie beobachtete Abweichungen mittels möglicher Begründungen.

②

Vergleichen Sie das **Romanende** (Teil III, Kapitel 10-12) mit dem Filmende. Halten Sie die Unterschiede fest und erklären Sie beobachtete Abweichungen mittels möglicher Begründungen.

③

In welcher Form sind die **Figuren** dargestellt? Achten Sie nicht nur auf Aussehen, Gestik, Mimik, sondern auch auf die dadurch implizierte Charakterisierung. Gleichzeitig sind Filmeinstellung und -perspektive entscheidend für eine Deutung der Figuren.

④

Betrachten Sie Länge und Größe der **Kameraeinstellungen sowie -perspektiven** (siehe Schülerheft, S. 54), Kamerabewegung (Schwenk, Zoom) sowie Schnitttechnik in einzelnen bzw. ausgewählten Sequenzen. Was ist auffällig bzw. filmtechnisch typisch für die vorliegende Adaption?

⑤

Halten Sie Anmerkungen zur **Montage** fest: Schnitt und Ein- oder Ausblendungen sind ebenso zu berücksichtigen wie die Verknüpfung von mehreren Einstellungen, d. h. zeitlich oder räumlich getrennten Handlungsabläufen. In welchen Sequenzen (Handlung) bedient sich der Regisseur der Bildmontage oder gar Parallelmontage? Was bezweckt er damit?

⑥

Der **Ton**, nämlich musikalische Untermalung, Geräusche sowie Dialoge oder auch Schweigen sind wichtige Elemente der audiovisuellen Textsorte Film. Mit welchen Mitteln (Sprache/Ton) wird hier gearbeitet? Wie wirken sie auf den Zuschauer? Vor allem im zweiten Teil der Verfilmung vermisst man manchmal eine Stimme aus dem Off – was könnte diese Stimme (z. B. des Erzählers) vermitteln?

⑦

Welche **Handlungsstränge fehlen** in der Filmadaption bzw. werden vernachlässigt? Stellen Sie fest, ob das die Aussage des Romans wesentlich beeinflusst oder nicht. Überlegen Sie, welche Gründe einer Veränderung zugrunde liegen können.

⑧

Welche **Handlungsstränge sind hinzugefügt** bzw. ausgedehnt und erweitert worden? Stellen Sie fest, ob das die Aussage des Romans wesentlich beeinflusst oder nicht. Überlegen Sie, welche Gründe einer Veränderung zugrunde liegen können.

Mögliche Lösungen für die Filmanalyse

Anfang

Roman

- personaler Ich-Erzähler beginnt ‚medias in res'
- keine Rahmenhandlung, aber rückblickend erzählt (ohne Jahreszahlen)
- Beschreibung der Krankheit/der Eltern
- Begegnung mit der ‚Frau'
- Haussymbolik: personifizierte Straßen und Häuser
- Hausträume werden reflektiert und gedeutet
- Beschreibung der Küche in Verbindung mit Sinneswahrnehmung
- Naturbeschreibung
- Krankheit, Gedanken über Denken/Entscheiden/Handeln
- Kohleepisode/Badeepisode
- „Darum bist du doch hier!"/erste Annäherung und Beischlaf
- Ich-Erzähler verliebt sich in die ‚Frau'

Film

- Rahmenhandlung ist eingefügt (mehrfach Orts- und Zeitangaben): Ort/Zeit eingeblendet: Berlin 1995 Michael bereitet Frühstück vor, Freundin verlässt ihn morgens, wirft ihm Beziehungsunfähigkeit vor, Tochter Julia wird thematisiert
- angesichts der Straßenbahn beim Blick aus dem Fenster: Rückblick auf die Jugend, Michael als Junge in der Straßenbahn (1958)
- Montage: Vergangenheit und Gegenwart in raschem Wechsel
- Begegnung zwischen Michael und Hanna, die ihm hilft
- Familie Berg beim Essen – autoritärer Vater
- Michael hütet krank das Bett/Briefmarkensammlung
- Zeit: drei Monate später – Michael kehrt mit Blumen zu Frau Schmitz zurück, beobachtet sie, ist erregt und läuft weg
- er sieht sie erneut in der Straßenbahn
- Rückkehr zu ihr/Kohleepisode/Badeepisode/ erste Annäherung und Beischlaf
- zu Hause beim Essen – Montage: Münder der Familienmitglieder beim Kauen *versus* Beischlaf

Ende

Roman

- 1985: Michael erfährt im Gefängnis von dem Selbstmord Hannas
- er unterdrückt seine Gefühle, zeigt sich gleichgültig
- er nimmt ihre Lektüre wahr (Bücher über KZ und Poesie sowie Zeitungsartikel an der Wand)
- Gespräch mit der Gefängnisleiterin über Hannas Leben dort, ihren Lernprozess/ihre Vorwürfe
- Fahrt nach New York und Treffen der Überlebenden in Hannas Auftrag
- auf dem Weg dorthin – Hausmetapher, Natur, Traum von Hanna – Sehnsucht nach ihr, nach Heimat
- Offenbarung seiner Rolle bei Hanna, ihrer früheren Beziehung
- der Schilderung des Anliegens begegnet sie kühl und überlegen, zuweilen ironisch
- Rückblick (1985): Schreiben als Therapie – Versuch einer Erklärung
- Thematisierung des Verrats, der Schuld, der Liebe und der Verletzungen
- viele Versionen durch Erinnerungen und Assoziationen
- Michael fährt alleine zum Friedhof, mit der Spendenquittung

Film

- 1985: Michael weint vor der Gefängnisleiterin, zeigt seine Erschütterung
- Gefängnisleiterin liest ihm den Auszug aus dem Brief vor, der für ihn bestimmt ist
- Zeitungsartikel fehlen, so auch die jahrelange geistige Verbindung
- Michael findet Worte vor der Überlebenden des KZ und erklärt sein Anliegen
- längeres Gespräch mit der Jüdin, die ihm kühl und überlegen entgegentritt
- Beobachtung ihrer Einrichtung, Wohnungsgegenstände, Fotos
- Treffen mit seiner Tochter Julia
- Fahrt zum Friedhof, auf dem Hanna beerdigt ist; sie gehen zu ihrem Grab
- Gespräch mit der Tochter über seine Vergangenheit: „Ich war fünfzehn ..." anstatt Schreiben

Figuren

Michael – jung

- kränklich und schwächlich
- devot, unterlegen, wenig schön
- wird durch Initiation schöner, strahlt
- zurückhaltend und verhalten als Student

Michael – älter

- introvertiert, trauriger Blick, erwartungslos?
- sprachlos, wortlos, schweigsam?
- meist gleichgültig, nur nach Hannas Selbstmord nicht (Brief an ihn)
- äußerst korrekt und gepflegt angezogen
- sehr akkurat in der Einrichtung (äußere Ordnung)

Hanna – jünger

- direkt, herrisch, bestimmend
- versucht Emotionen zurückzuhalten
- verschlossen, bleibt einsam
- einfache Kleidung, rein und sauber

Hanna – alt

- grau, hoffnungslos, gleichgültig, schwach?
- hat mit dem Leben abgeschlossen
- blass, konturlos
- verhärmt, ungepflegter als früher

Kameraeinstellungen und -perspektiven

häufig Großaufnahmen (Gesichter)
= Mimik/Gestik im Mittelpunkt/Reaktionen auf Gesagtes
viele Halbtotalen (Raumausschnitt/Oberkörper)
= Unterstreichen der Ausschnitthaftigkeit
(übertragen = fehlender Überblick?)
ruhige Kameraführung
selten Fokus oder Zoom, wenig Schwenke und Perspektivwechsel (keine Frosch- oder Vogelperspektive)
= Verlangsamung des Films
= Kamera als begleitendes Auge neben dem Geschehen
= Versuch der ‚objektivierten Darstellung' im Bild
= Bericht- und Dokumentarcharakter

Ton

Parallelschaltung von Geräuschen, Musik und Lesung oder Dialog; häufiger zu beobachten als Überleitung zu einer neuen Sequenz

reduzierte Dialoge / aufgehobene Reflexionen
Dialoge werkgetreu und selten nicht der Romanvorlage entsprechend; Erinnerungen, Reflexionen sowie Assoziationen sind nicht umgesetzt worden

Filmmusik
(Konzept des Komponisten Ozren K. Glaser sowie der Komponisten Alberto Iglesias und Nico Muhly)
- Klavier, Streicher als Beförderer von Emotionen
- Orchester eher melodramatisch und düster (Moll), langsam, gediegen, unaufdringlich
- häufig handlungsbegleitend, sobald Dialoge verstummen
- Musik leitet von einem zum anderen Gespräch
- steht häufig für das, was Michael nicht ausspricht, aber fühlt und denkt
- spannungssteigernd, besonders wenn sie abrupt aussetzt und dennoch präsent bleibt
- Untermalung des Beischlafs und des Vorlesens durch Musik
- Kinderchor der Dresdner Philharmonie: Palestrinas Motette *Pueri Haebraeorum* (Dorfkirche)

Geräusche
- Geräusche im Alltag und Handeln werden hervorgehoben (Straßenbahn, Arbeit, Schritte, ...)
- besonders Bremsen der Straßenbahn und Sägen auf Baustellen (Assoziation KZ?)
- wichtige Gespräche werden in einen geräuschlosen Raum platziert

Montage

Montagetechnik und technische Auffälligkeiten
(siehe Anführung der Einzelsequenzen, S. 84)
= Darstellung verschiedener Zeitebenen, unterschiedlicher Lebenssituationen
Gefühle dargestellt durch Naturaufnahmen, z. B. See, Schwimmbad, Straßen;
durch Zusammentreffen mit anderen, z. B. Familie am Mittagstisch
= Vermittlung von Gefühlen durch Bilder

Randerscheinung bzw. Streichungen

- Reflexionen (Philosophie, Haus- und Traumsymbolik)
- Auseinandersetzung mit Kollektivschuld und persönlicher Schuld (thematisiert nur durch Professor und einen Studenten)
- Vater als Ansprechpartner und schwierige Beziehung zu ihm stark reduziert
  körperliche Züchtigung durch Hanna (mehrere Vorfälle)
- Besuch von Hanna in Michaels Elternhaus/Welt
- Gespräch mit dem Autofahrer über KZ
- Ehefrau und Scheitern der Ehe
- Verrat an Hanna
- Skifahrt, Flug nach Israel
- emotionale Beziehung zwischen Hanna und Michael während ihres Lebens (Hanna informiert sich über ihn/Zeitungsartikel, Michael beschäftigt sich mit ihr und ihrer Vergangenheit/Berufswahl/Beziehungen)
- Einfluss beider aufeinander ist nicht wirklich erfassbar
- Gefühl des Betäubtseins (nur starrer, leerer Blick entgegengesetzt)

Ausdehnung bzw. Hinzufügungen

- Freundin am Anfang
- Tochter als Ansprechpartnerin, misslungene Beziehung und Schuldfrage zwischen Vater und Tochter
- Lernprozess von Hanna als Autodidaktin (Lesen lernen)
- teilvisualisierter Selbstmord von Hanna in ihrer Zelle
- langes und damit erweitertes Gespräch mit der überlebenden Jüdin in New York

Mithilfe der Tabelle (S. 85) können viele Aspekte einer kurzen Sequenz festgehalten und gedeutet werden hinsichtlich

- ihrer medialen Grenzen und Möglichkeiten,
- ihrer Verfremdung oder gar Veränderung der Romanaussage / der Figuren / der Thematik / der Motive,
- ihrer Wirkung beim Zuschauer.

Hier bieten sich einige filmtechnisch interessante Sequenzen an, die z. B. filmästhetischen und technischen Maßnahmen der literarischen Textvorlage mehr oder weniger gerecht werden.

Sequenz	**Rückblick durch Straßenbahn evoziert (1995 ↔ 1958)**
Überblendung	❍ Michael am Fenster in seiner Wohnung und als junger Schüler in der Straßenbahn und im Hofeingang zu Hannas Wohnung → Bildfolge und Abwechslung zur Vermittlung des Rückblicks
Sequenz	**Initiation in Sexualität (Wahrnehmung)**
Parallel-montage	❍ nach der Initiation verwirrt, nimmt er einzelne Ausschnitte der Realität wahr: intime (Ein)blicke Münder der Familienmitglieder beim Kauen *versus* Lust/Beischlaf → Montage: Veränderung als Person (Männlichkeit) *versus* Abgrenzung von der Umwelt/ Ekel? (Detailaufnahmen)
Sequenz	**Ritualisierte Handlung (vorlesen und lieben)**
Überblendung	❍ Ritual als Luststeigerung durch raschen Wechsel (vorlesen und lieben) ❍ steigende Selbstsicherheit, Kraft und Lebenslust nach ritualisierter Initiation in die Liebe → Bildfolge und Abwechslung als Spannungssteigerung/Ritualisierung
Sequenz	**Prozessverlauf**
Montage	❍ häufig Großaufnahmen verschiedener Gesichter im Wechsel mit Totale/Halbtotale ❍ Fokus während des Prozesses auf die Personen, nicht auf den Raum als solchen → Hervorhebung der Reaktionen aller Beteiligter/Spannungssteigerung
Sequenz	**Vorlesen für Hanna in der Zelle**
Parallel-montage	Aufnahmen der früher gelesenen Texte *versus* Hannas Wahrnehmung/Zuhören ❍ erste erneute Schnittmenge zwischen ihren Leben → Erinnerung an das frühere Ritual (auch Schnitte, Überblendungen) → Zusammenkommen beider Figuren
Sequenz	**Ankleidesequenz vor Urteilsverkündung**
Parallel-montage	❍ Ankleideszene vor Urteilsverkündung als Parallelhandlung ❍ einzige Schnittmenge zwischen beider Lebenssituation → verbindendes Element zwischen Michael und Hanna (gleiche Gestik, gleiche ordentliche Kleidung aus gegebenem Anlass) → Hervorhebung der Bedeutung dieses Urteils für beide Figuren
Sequenzen	**Rückblick während des Prozesses & Schulwechsel & Verlassensein**
Rückblenden	❍ Erinnerung an Jugend (Initiationsritual) ❍ Erinnerung an Zwiespalt (Freunde *versus* Hanna) ❍ Hervorhebung der aktuellen Situation: Einsamkeit *versus* Zweisamkeit/Klassenkameraden → vermögen den Konflikt, die Schuldthematik nicht widerzuspiegeln → vermitteln ebenso wenig die emotionale Bindung der beiden aneinander → werden ins Bild gesetzt (1995/1958), wenn einschneidendes Erleben wie Schulwechsel, Einsamkeit nach Hannas Weggang

Untersuchung einer Filmsequenz

Szene Handlung	**Personen** Name, Gestik, Mimik	**Dialoge/Monologe** Figuren, Erzähler, Off-Stimme	**Musik/Geräusche**	**Kameraeinstellung** + Länge der Sequenz	**Kamerabewegung** + Perspektive

DVD-Ausgaben *‚Der Vorleser'*

Inzwischen liegen verschiedene DVD-Ausgaben *‚Der Vorleser'* vor, FSK ab zwölf Jahren; diese unterscheiden sich vor allem im Zusatzmaterial, den *Special Features* und in der Wiedergabetechnik:

1. *‚Der Vorleser'* (Einzel-DVD)

- Spieldauer: 119 Minuten
- Sprache: Deutsch (Dolby Digital 5.1), Englisch (Dolby Digital 5.1)
- Bildseitenformat: 16:9 – 1.78:1
- Studio: Universum Film

Special Features
Hörfilmfassung für Blinde
Audiokommentar von Henning Molfenter (Produzent)

2. *‚Der Vorleser'* (Special Edition, 2 DVDs)

- Spieldauer: 119 Minuten
- Format: Dolby, PAL, Special Edition
- Sprache: Deutsch (Dolby Digital 5.1), Englisch (Dolby Digital 5.1)
- Bildseitenformat: 16:9 – 1.78:1
- Studio: Universum Film

Special Features
Hörfilmfassung für Blinde
Audiokommentar von Henning Molfenter (Produzent)
Entfernte Szenen
Making of: „Der Vorleser – Adaption eines zeitlosen Meisterwerks"
Gespräch zwischen Stephen Daldry und David Kross
Kate Winslet über die Kunst des Alterns
Porträt des Komponisten Nico Muhly
Ausstattungsdesignerin Brigitte Broch über die ‚Darstellung der Vergangenheit'
Traumfabrik Görliwood

3. *‚Der Vorleser'* (Blu-ray & DVD Edition)

- Spieldauer: 124 Minuten
- Sprache: Deutsch (DTS-HD 5.1), Englisch (DTS-HD 5.1)
- Bildseitenformat: 16:9 – 1.78:1, Studio: Universum Film

Special Features
Hörfilmfassung für Blinde
Audiokommentar von Henning Molfenter (Produzent)
Entfernte Szenen
Making of: „Der Vorleser – Adaption eines zeitlosen Meisterwerks"
Gespräch zwischen Stephen Daldry und David Kross
Kate Winslet über die Kunst des Alterns
Porträt des Komponisten Nico Muhly
Ausstattungsdesignerin Brigitte Broch über die ‚Darstellung der Vergangenheit'
Traumfabrik Görliwood
Interaktives Vorleser-Quiz
Großes Vorleser-Bücher-/Autorenlexikon
Interaktive Community-Features
Vollständiger Film auf DVD

VII. *Der Vorleser* als Prüfungsaufgabe

Dr. Gesine Heddrich

Aufgabentypen zu Klausuren und Abschlussprüfungen der Oberstufe

In der Oberstufe und im Zentralabitur gibt es spezifische Frageformen, die in den unterschiedlichen Bundesländern ähnlich oder identisch eingeführt und abgeprüft werden. Jahrelange Erfahrungen mit dem Zentralabitur weisen Bayern und Baden-Württemberg auf, seit 2005/06 gefolgt von Nordrhein-Westfalen, Hessen, Niedersachsen und anderen. Weitere Bundesländer führen zentralisierte Abfragen und Prüfungen ein.

Es gibt **drei unterschiedliche Typen von Prüfungsaufgaben** im Fach Deutsch, die in den jeweiligen Bundesländern verschiedene Zusammensetzungen erfahren und teilweise auch von den Schülern in der Prüfung fakultativ wählbar sind.

Durch den Aufgabentyp **‚Analyse bzw. Interpretation'**, immer verbunden mit einer vorausgehenden inhaltlichen Hinführung bzw. Einordnung des vorgegebenen Textauszugs, wird nach wie vor der ‚klassische Weg der Analyse' beschritten. In diesem Bereich geht es z. B. um Personencharakterisierung, Beziehungen der Figuren untereinander, zentrale Problemstellungen, thematische oder formale Schwerpunkte, Genre, epochenspezifische Merkmale oder biographische Einflüsse des Autors, die es herauszuarbeiten gilt.
In Baden-Württemberg tendiert man inzwischen auch dazu, intertextuelle Bezüge zu verlangen, indem ‚übergeordnete, allgemeine' Themen in den Vordergrund rücken. So können mehrere literarische Werke unter einem Aspekt betrachtet und verglichen werden. Im Kontext von Schlinks Vorleser wäre zum Beispiel „Kollektivschuld" oder „Identitätssuche eines Heranwachsenden" als übergeordnetes Thema zu nennen.

Der Aufgabentypus **‚Gestaltendes Interpretieren'** fordert eine kreative Form der Gestaltung, die insofern eine Analyse voraussetzt, als sich der Schüler im kreativen Schreibprozess an Figureneigenschaften, Handlungssträngen und möglicher Deutungsebene orientieren muss, um seinen Text angemessen schreiben zu können. In der Regel werden dazu ‚Leerstellen' bzw. Textstellen angegeben, die eine sinnvolle Integration des Schülertextes ermöglichen.
Die adressatenbezogenen Gestaltungsformen können sein: Brief, Tagebuch, innerer Monolog, Dialog, (Anlass-)Rede, Zeitungsartikel oder Rezension. Sie geben formal einen Anlass, sich mit der Handlung, den Figuren und ihrer Gefühlswelt sowie der thematisierten Problematik auseinanderzusetzen. Diese Form der ‚Schreibanlässe' wird immer häufiger sowohl von Abiturienten als auch von Realschülern in den Abschlussprüfungen verlangt.

Der Aufgabentyp der **‚textgebundenen Erörterung'** bietet ebenfalls die Möglichkeit, nach der Auseinandersetzung mit den Argumenten des Autors eine Aufgabe aus dem Bereich ‚Gestaltendes Interpretieren' anzuschließen. So werden Schüler aufgefordert, nach einer Erörterung eine sich thematisch anschließende Gestaltungsform zu nutzen, um ihre eigene Stellungnahme zu formulieren und entsprechende Argumente z. B. in Form eines Briefes oder eines Zeitungsartikels zu kleiden.

Da die verschiedenen Aufgabentypen je nach Bundesland und Kurssystem (Grundkurs, Leistungskurs, Pflichtkurs, Neigungskurs etc.) unterschiedlich kombiniert werden, sind sie hier einzeln auf- und ausgeführt. Auch die Schüler dürfen in der Regel neben einem Pflichtteil einen weiteren fakultativ wählen, sollten aber in jedem Fall auf alle möglichen Prüfungsbereiche vorbereitet werden.

1. Hinführung zum Textauszug und Interpretation

MÖGLICHE SPRACHLICHE FORMULIERUNG VON PRÜFUNGSAUFGABEN:
EINORDNUNG bzw. HINFÜHRUNG

- Skizzieren Sie die wesentlichen Voraussetzungen für diese Situation.
- Ordnen Sie die vorliegende Textstelle in den Kontext/ vorausgehenden Handlungszusammenhang ein.
- Nennen Sie die wichtigsten Handlungsschritte, die zur vorliegenden Situation führen.
- Geben Sie eine kurze Zusammenfassung des Inhalts wieder.

ANALYSE bzw. INTERPRETATION

- Analysieren Sie ...
- Interpretieren Sie ...
- Deuten Sie ...
- Untersuchen Sie ...
- Umreißen Sie ...
- Zeigen Sie ... (auf)
- Bewerten Sie ...
- Setzen Sie sich mit ... auseinander.
- Legen Sie ... dar.
- Arbeiten Sie ... heraus.

Beispiel: Schlink, ***Der Vorleser***

Das bei diesem Beispiel übergeordnete Thema ist das der Schuld, Schuldhaftigkeit. Allerdings müssen die einzelnen Aufgaben nicht in allen Bundesländern thematisch verbunden sein. Es gibt auch unabhängige Fragestellungen, die miteinander kombiniert werden, um unterschiedliche Schreibanlässe anzubieten.
Da die für eine Prüfung gewählte Aufgabe so frühzeitig ausgewählt werden sollte, dass man diesen Bereich im Unterricht eingeschränkt bearbeitet, um die Interpretation der Schüler nicht vorwegzunehmen, ist es sinnvoll, sich an den in dem Lehrerheft angeführten Lösungen und Aufgabenstellungen zu orientieren.

Zu der beispielhaften Ausführung einer Prüfungsaufgabe sind neben der Themenübersicht (S. 13) folgende Seiten im **Lehrerheft** für die **Lösungen** interessant:

Beziehung Hanna / Michael:	S. 31–34, S. 61
Schuld / Schuldhaftigkeit Michaels:	S. 34, S. 37–41, S. 47
Einfluss von Hanna auf Michael & Schuldgefühle:	S. S. 21-22, S. S. 47, S. 58, S. 60–61, S. 70
Innerer Monolog einer Mitangeklagten:	S. 48–50 & Roman – Teil II

1. Hinführung zum Textauszug und Interpetation (obligatorisch)

Textauszug: III–1, S. 160 (7. Zeile) – 163 (13. Zeile, Ende des Kapitels)
„Dann bekam ich hohes Fieber und wurde ins Krankenhaus gebracht."
→ „... ich mich meiner Generation hätte zugehörig fühlen können."

- Skizzieren Sie die Beziehung von Hanna und Michael bis zur Verurteilung von Hanna.
  Was verbindet sie, was trennt sie?
- Untersuchen Sie den Begriff der Schuld bei Michael.
  Inwiefern haben sein Schuldempfinden und Hanna als Person Einfluss auf Michaels beruflichen Werdegang?

Wählen Sie eine der folgenden Aufgaben (fakultativ):

2. Freie Erörterung

„Ich bin der Ansicht, dass der Literat kein Recht hat, Probleme zu lösen. Er hat sie wahrzunehmen, aufzureißen, seine Akteure hineinzustoßen. [...] Am glaubwürdigsten sind unsere Helden merkwürdigerweise noch immer, wenn etwas schief läuft mit ihnen, wenn sie versagen, wenn sie zugrunde gehen an ihren Problemen."

(Wolfdietrich Schnurre, 1983, anlässlich der Verleihung des Georg-Büchner-Preises)

- Erläutern Sie die Äußerung Schnurres und erörtern Sie die Berechtigung dieser Aussage auf der Grundlage Ihrer Lektürekenntnisse.

oder

3. Gestaltendes Interpretieren

Als der Staatsanwalt vorschlägt, einen Sachverständigen zum Vergleich der Schrift Hannas damals und heute heranzuziehen, gesteht Hanna, was sie nie getan haben kann:
„Sie brauchen keinen Sachverständigen holen. Ich gebe zu, dass ich den Bericht geschrieben habe." (II–9, S. 124)

- Schreiben Sie einen inneren Monolog aus der Sicht einer Mitangeklagten, die gerade die Ausführungen von Hanna vernommen hat.

Weitere Aufgabenstellungen aus den drei Bereichen zur freien Kombination:

1. Hinführung und Interpretation

(Ist ein Textauszug zu lang, kann er nach Bedarf gekürzt werden.)

„Wir hatten keine gemeinsame Lebenswelt, sondern sie gab mir in ihrem Leben den Platz, den sie mir geben wollte." (II–16, S. 75)

- Untersuchen Sie die Beziehung zwischen Michael und Hanna am Anfang ihrer Beziehung und am Ende, als Hanna inhaftiert ist. Achten Sie dabei besonders auf gemeinsame und unterschiedliche Empfindungen und Wahrnehmungen der Figuren.

„Ich habe die Stelle im Wald wiedergefunden, wo sich mir Hannas Geheimnis enthüllte. [...], weil ich eine Verbrecherin geliebt hatte." (II–10, S. 126–129)

- Analysieren Sie Michaels Verhalten und Wahrnehmung, als er hinter das Geheimnis von Hanna kommt.

„So sah ich sie von hinten [...]. So sitzen musste weh tun." (II–4, S. 95–96)

- Deuten und erklären Sie Hannas Verhalten während des Prozesses.
  Wie kann eine aktive Frau sich ihrem Schicksal derart ohnmächtig ergeben?

„Als ich dem Fahrer sagte, [...] Raus!" (II–14, S. 144–147)

- Analysieren Sie das Gespräch zwischen Michael Berg und dem Autofahrer, der ihn im Elsass zum Konzentrationslager Natzweiler-Struthof mitnimmt, indem Sie neben dem Inhalt auch den sprachlichen Duktus berücksichtigen.

„Das lag am Vorlesen. [...] war ich vollkommen glücklich." (I–9, S. 42–44)

- Erörtern Sie, welche Bedeutung das Vorlesen für Hanna hat und in welchem Maße der gewählte Lesestoff Einfluss auf ihre Entwicklung ausübt.

„Ich las für Hanna auf Kassetten. Bis ich die Kassette abschickte [...] klappte das Buch zu und drückte die Stop-Taste." (III–5, S. 174–176)

- Erläutern Sie Gründe für die Wiederaufnahme des Vorlesens auf Tonträger unter Berücksichtigung Michaels Rolle als Vorleser und Hannas Rolle als Zuhörerin.

„Ich habe ihr nichts von Hanna erzählt. [...] kann man das Reden auch lassen." (III–2, S. 164–166)

- Setzen Sie sich mit dem Einfluss von Hanna auf Michael auseinander. Inwieweit trägt er zur beruflichen und privaten Orientierung (Frauenbild, Familie) des erwachsenen Michael bei?

„Ich hätte gern gehabt, dass wir, seine Familie, sein Leben [das des Vaters] gewesen wären." (I–7, S. 31)

- Analysieren Sie das Verhältnis von Michael zu seinem Vater (I–7, I–11, II–2, II–12, III–1).
  Gehen Sie dabei auch auf den Schuldbegriff und das Schuldempfinden von Michael ein.

2. Literarische/freie Erörterung

Erörterung mit thematischem Bezug zu Schlinks Der Vorleser

1. Erörtern Sie ausgehend von der Schuldfrage, ob Hanna Schmitz dem von Arendt beschriebenen Tätertypus entspricht. Konzentrieren Sie sich dabei vor allem auf die Gerichtsverhandlung und Hannas Aussagen (vgl. verschiedene Kapitel aus II).

Die jüdische Publizistin Hannah Arendt schrieb anlässlich des Prozesses gegen den ehemaligen SS-Obersturmbannführer Adolf Eichmann (der die Deportation der Juden organisiert hatte), dass dieser verharmlosend behauptete, er habe nur als Funktionär gehandelt, also getan, was verlangt wurde und getan werden musste. Sie verglich diese Rechtfertigung mit einem Verbrecher, der nur aufgrund der Statistik Verbrechen begeht, schließlich müsse diese ja erfüllt werden.
(Vgl. Hannah Arendt: Ein Bericht von der Banalität des Bösen. Eichmann in Jerusalem. München 1964, S. 17.)

2. Textgrundlage: Analphabetismus S. 93 f.
   - Geben Sie die Grundgedanken des Autors wieder.
   - Betrachten Sie den Text hinsichtlich der Analphabetin Hanna Schmitz. Wie lässt sich die Analphabetin Hanna Schmitz beschreiben?
   - Was bedeuten Literatur und Vorlesen für sie und wie verändert sich dadurch ihr Leben?

3. Erörtern und belegen Sie, inwiefern Schlink mit seinem Roman *Der Vorleser* das richtige Buch zur richtigen Zeit, im richtigen Land geschrieben hat. Berücksichtigen Sie dabei die Bedeutung der aufgegriffenen Themen für die heutige Jugend.

3. Gestaltendes Interpretieren

Gestaltendes Interpretieren zu Schlinks *Der Vorleser*

Als Michael mit Hanna auf ihrer Radtour streitet, weil sie seinen Zettel mit einer Nachricht nicht gefunden haben will, vermutet er noch nicht, welches Hannas Geheimnis ist.
„Hätte ich weitersuchen sollen, nach diesem Zettel, nach der Ursache von Hannas Wut, nach der Ursache meiner Hilflosigkeit?" (I–11, S. 56)
In diesem Moment gesteht Hanna Michael spontan, dass sie nicht lesen und schreiben kann.

- Schreiben Sie den Dialog, in dem Hanna Michael ihr Problem offenbart. Vergessen Sie dabei nicht, dass Michael ein 15-jähriger Jugendlicher ist.

Gertrud, die Ex-Frau von Michael, der er nichts von Hanna erzählt hat, erfährt Jahre später von seiner Beziehung zu Hanna (vgl. III–2, S. 164 f.).

- Verfassen Sie den Tagebucheintrag als Gertrud Berg, in dem sie sich Gedanken um diese Erkenntnis und ihr Zusammenleben mit Michael macht. Wie erklärt sie sich das Scheitern ihrer Ehe?

Michael trifft anlässlich der Beerdigung seines Professors einen früheren Kommilitonen wieder. Dieses Mal läuft er nicht weg, wie in der Romanhandlung, sondern stellt sich den Fragen des Bekannten.

- Verfassen Sie einen Dialog, in dem Michael Rede und Antwort steht.
- Verfassen Sie eine Rezension zu dem Roman *Der Vorleser* von Bernhard Schlink. Achten Sie darauf, einen aussagekräftigen und für Ihre Meinung treffenden Titel zu finden.

Cornelia Zenner*
Schriftliche Realschul-Abschlussprüfung in Sachsen

Der Vorleser wird auch in 10. Klassen der Real-/Mittelschule gelesen. So ist der Roman seit dem Schuljahr 2007/2008 in Sachsen Bestandteil der zentralen schriftlichen Abschlussprüfung zum Erwerb des Realschulabschlusses. Diese beinhaltet zwei Teile, die beide obligatorisch sind, wobei im zweiten Teil wahlobligatorische Aufgaben zur Verfügung gestellt werden, von denen sich der Schüler für eine entscheiden muss.
Dabei ergeben sich drei mögliche Aufgabentypen:

- das untersuchende Erschließen (zur Gewährleistung von Textverständnis und Textsortenkenntnis)
- das erörternde Erschließen (im Zentrum steht die Auseinandersetzung mit einem Thema oder Problem in schriftlicher Form)
- das gestaltende Erschließen (Aufnahme des Textmusters, produktive Korrespondenz mit ihm, um sich Handlungsmotive und Reflexionsprozesse selbstständig zu erarbeiten; wesentliche Gestaltungsformen, teils innen- und teils außenperspektivisch angelegt: *Brief, Tagebuch, innerer Monolog, Dialog oder Rollenbiografie)*

Dabei werden für die beiden Teile unterschiedliche Aufgabentypen herangezogen:

Teil I: Erschließen eines literarischen oder Sachtextes (Textverständnis, Bewertung von Inhalten, Beschreibung von Formen)

Teil II: Erschließung von literarischen oder nichtkontinuierlichen Texten (Nachweis über Figurenkenntnis, Themenverarbeitung, Handlungsmotive; Wertungen)

Als Textgrundlagen können fungieren:

- kontinuierliche und nichtkontinuierliche Sachtexte
- kürzere literarische Texte oder Textauszüge
- zwei kurze literarische Texte oder Textauszüge im Vergleich
- Ganzschriften: *Faust I* (Johann Wolfgang von Goethe), *Die Räuber* (Friedrich Schiller), *Der Vorleser* (Bernhard Schlink)

Der Vorleser in der Prüfung

Sowohl im ersten als auch im zweiten Teil der schriftlichen Prüfung könnte Bernhard Schlinks *Der Vorleser* als Text- und Erarbeitungsgrundlage dienen.

Teil 1

Für das untersuchende Erschließen würden sich entweder Sachtexte zu den im Werk thematisierten Schwerpunkten anbieten (Schuld, Analphabetismus) oder auch ein oder mehrere Textauszüge, die selbige Themen ansprechen und fokussieren. Dazu werden Erschließungsaufgaben gestellt, die sich auf den Inhalt, die Informationsgewinnung oder auch die Textsorte konzentrieren können.

---

* **Cornelia Zenner** – seit 1996 Unterricht in Real- und Hauptschulbildungsgängen
Fachberaterin für das Fach Deutsch
Mitwirkung bei der Konzeption der neuen Lehrpläne in Sachsen
Ihre Anregungen zum Verfahren in Sachsen lassen sich auf die Aufgabenstellungen im Niveau des Mittleren Schulabschlusses übertragen.

Beispiel:
Lesen Sie den folgenden Text aufmerksam durch.

Analphabetismus

Personen, die weder schreiben noch lesen können, werden als Analphabeten bezeichnet. Nach der UNESCO Statistik gibt es ungefähr 750 Millionen Betroffene auf der Welt.
Es gibt zwei Formen des Analphabetismus, zum einen den primären und zum anderen den sekundären. Der primäre, natürliche Analphabetismus taucht im Besonderen in Ländern der Dritten Welt auf und ist durch das mangelnde Schulwesen zu erklären. Bei dem sekundären werden in der Schule gelernte Formen des Schreibens und Lesens durch mangelnde Übung und Anwendung verlernt. Besonders in den Industrieländern wird vom funktionalen Analphabet-ismus gesprochen. Diese Form des Analphabetismus entsteht durch fehlende, unzureichende oder unsichere Beherrschung der sich stets wandelnden Schriftsprache, da die Betroffenen nicht in der Lage sind, Schriftsprache im Alltag zu nutzen.
Wirft man einen Blick in die Geschichte, wird deutlich, dass das Phänomen Analphabetismus bereits seit Jahrhunderten die Gelehrten beschäftigt und dessen Ausgangspunkt in den Medien gesucht wird. Bernhard von Clairvaux (1090–1153) gilt als einer der ersten Medienkritiker, der sich gegen jede figürliche Ausgestaltung der Kirchenportale, Kapitelle und Kreuzgänge wandte, weil dies den Betrachter von der Lektüre der Schrift ablenke. Heutige Medienkritik argumentiert nicht mehr derart radikal – wohl auch, weil der Analphabetismus als schier unglaubliches Phänomen in der Wissensgesellschaft tabuisiert ist. Dieses Tabu ist historisch gesehen noch relativ jung. 1615 konnte die Hälfte der Berliner Bürger nicht schreiben. Auch war es damals keineswegs selten, dass Handwerker, die öffentliche Ämter innehatten, Analphabeten waren. In der Überzeugung, dass der Fortschritt nicht reversibel ist, musste spätestens 1912 der Analphabetismus als besiegt gelten, da zu diesem Zeitpunkt lediglich 0,01–0,02 Prozent der deutschen Bevölkerung weder lesen noch schreiben konnte.
Die Ursachen des Analphabetismus sind vielfältig, können aber alle unter dem Begriff „Armut" zusammengefasst werden. Gemeint sind unterschiedliche Arten von Armut. Zum einen spielt die ökonomische Armut eine Rolle. Analphabeten kommen häufig aus sozialen Schichten, die von wirtschaftlicher Armut bedroht sind, wo finanzielle Engpässe dazu zwingen, Kindern nicht die notwendige Zuwendung zu bieten. Soziale Armut prägt das Rechtschreibkönnen. Lese- und schreibunkundige Menschen werden von der Gesellschaft ausgegrenzt. Angst, Stigmatisierung und Diskriminierung sind die Folge. Auch die kommunikative Armut trägt zu Analphabetismus bei. Analphabeten kommen aus Familien, in denen (annähernd) nicht geschrieben, gelesen oder vorgelesen wurde. Sie kommen in die Schule, ohne zu wissen, wofür man Lesen oder Schreiben gebrauchen könnte. Noch schlimmer ist, dass mit ihnen nicht ausreichend gesprochen wurde. Fehlende Kommunikation führt zu Entwicklungsverzögerungen, auch in der Sprachentwicklung. Bestimmte Sprachfertigkeiten sind jedoch beim Erlernen des Lesens und Schreibens notwendig. Aber auch das fehlende Interesse für die Texte, die in der Schule verwendet werden, um den Schülern das Lesen und Schreiben zu vermitteln, ist eine der Hauptursachen des funktionalen An-alphabetismus bei jungen Menschen.
Durch eine geistige Behinderung muss man nicht zwangsläufig Analphabet sein. Es ist möglich, als solcher das Lesen und Schreiben zu erlernen, es sind jedoch verfeinerte methodisch-didaktische Methoden des Lehrenden von Nöten.
Im Alltag leben Analphabeten in der ständigen Angst, als solche aufgedeckt zu werden. So entwickeln sie Taktiken, um ihre Beeinträchtigung zu verschleiern. Sie versuchen jede Situation, in der sie lesen oder schreiben müssten, zu umgehen und lassen sich Ausreden einfallen. Dabei geraten sie oftmals sogar in Situationen, in denen sie lügen müssen und sich dadurch sogar Nachteile für sie selbst ergeben. Sie sitzen aber auch in der Öffentlichkeit und täuschen vor, ein Buch oder eine Zeitschrift zu lesen, um den Eindruck zu vermitteln sie könnten lesen. Aber in Wirklichkeit leben Analphabeten alltäglich in Angst. Sie stellen sich stets unter den Druck, nicht entlarvt zu werden, und durch diese Bemühungen wird ein „normales" Leben in vielen Situationen schwierig. Zweifellos wird es durch die Nutzung von Medien wie Rundfunk, Fernsehen, Telefon, Handy und das WWW immer einfacher, informiert zu sein, ohne die Last der Lektüre auf sich nehmen zu müssen. Fakt ist auch, dass der Preis für die Dominanz unserer durch Bilder geprägten Welt der drohende Verlust der Schriftkompetenz ist.

11 BE

1.1 Vervollständigen und erweitern Sie das angefangene Strukturbild zu den Angaben aus dem Text.

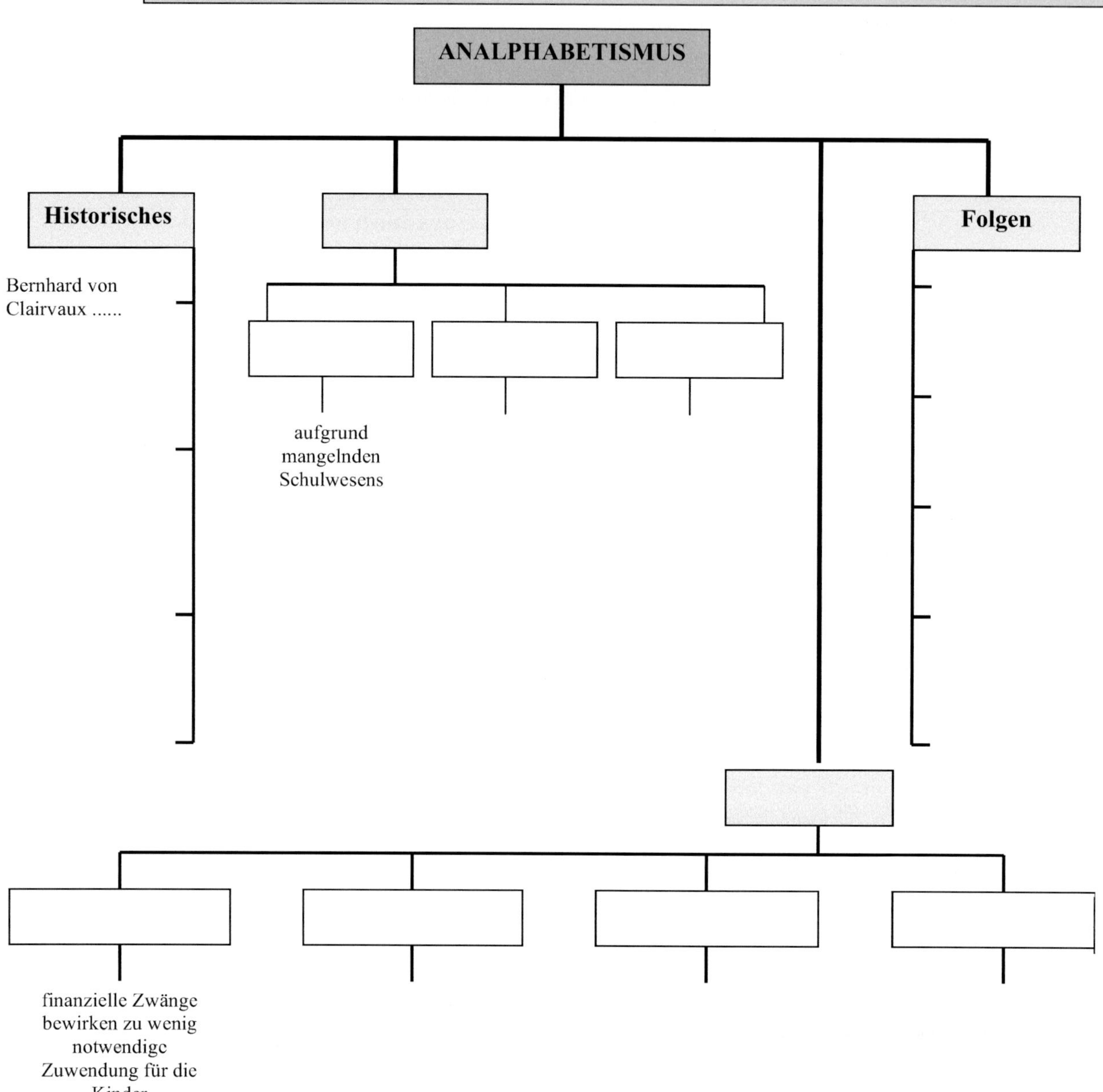

1.2 Der letzte Absatz des Textes enthält Angaben darüber, wie bestimmte Medien unseren Umgang mit der Schriftsprache beeinflussen. Entscheiden Sie sich für eines der angegeben Ziele, die der Verfasser des Textes mit diesen Aussagen verfolgt (bitte nur ein Kreuz setzen). Begründen Sie Ihre Entscheidung im Satz.	**3 BE**

- ❑ statistische Angaben liefern
- ❑ warnen
- ❑ appellieren
- ❑ die Bedeutung des Themas in der heutigen Zeit hervorheben
- ❑ Beweis erbringen, dass Analphabetismus in Deutschland kein Thema ist
- ❑ Beweis erbringen, dass Analphabetismus in Deutschland alarmierend ist

1.3 Im Text ist die Rede von „kommunikativer Armut" als Ursache für Analphabetismus. Setzen Sie sich mit den Erklärungen dazu auseinander und unterbreiten Sie drei Vorschläge, wie dieser Ursache entgegengewirkt werden könnte.	**3 BE**

1. ______________________________

2. ______________________________

3. ______________________________

1.4 Setzen Sie die Informationen des Textes zu Bernhard Schlinks *Der Vorleser* in Beziehung. Beschreiben Sie die Parallelen zur Figur Hanna, sodass ersichtlich wird, welche Angaben des Textes auch auf Hanna zutreffen. Schreiben Sie Ihre Erkenntnisse in Sätzen nieder.	**3 BE**

Information 1: ______________________________

____

____

Information 2: ______________________________

____

____

Information 3: ______________________________

____

____

Teil 2

Der Roman *Der Vorleser* bietet sowohl Ansatzpunkte für das erörternde als auch das gestaltende Erschließen. Wichtig für die Aufgabenstellung ist die Auswahl einer geeigneten Textstelle, die dem Schüler den Zugang zur Aufgabenstellung und deren Lösung eröffnet.
Die Ansiedlung des *Vorlesers* im zweiten Teil der Prüfung geht von der unterrichtlichen untersuchenden Erschließung des Werkes aus, worauf die Aufgaben auch zurückgreifen. Zum Zeitpunkt der Prüfung darf die Textgrundlage unbearbeitet zur Verfügung stehen.

Beispiel – erörterndes Erschließen:

„Warum haben Sie nicht aufgeschlossen?" (B. Schlink, *Der Vorleser*, S. 119)

Diese alles entscheidende Frage wird den Angeklagten, also auch Hanna, von Seiten des Richters gestellt. Die Antworten der Angeklagten stellen niemanden zufrieden und können es vielleicht auch gar nicht.

- Erschließen Sie erörternd, ob bzw. inwieweit Hanna als Angeklagte die ihr gerechtfertigter- oder auch ungerechtfertigterweise auferlegte Schuld am Tod der Menschen in der Kirche von sich weisen könnte. Setzen Sie sich dabei mit den Aussagen vor Gericht, aber auch mit den Besonderheiten der Figur Hanna auseinander und beziehen Sie Ihre hierbei gewonnenen Erkenntnisse in Ihre Argumentation mit ein.

Beispiel – gestaltendes Erschließen:

„In der zweiten Woche wurde die Anklage verlesen. Die Verlesung dauerte eineinhalb Tage – eineinhalb Tage Konjunktiv. Die Angeklagte zu eins habe, ..., sie habe ferner ..., weiter habe sie ..., dadurch habe sie den Tatbestand des Paragraphen soundsoviel erfüllt, ferner habe sie diesen Tatbestand und jenen Tatbestand ..., sie habe auch rechtswidrig und schuldhaft gehandelt. Hanna war die Angeklagte zu vier." (S. 101 [1–8])

- Erschließen Sie sich die Dimensionen der Anklage gestaltend, indem Sie aus der Sicht des Staatsanwaltes die Anklageschrift, die an diesen eineinhalb Tagen verlesen wurde, verfassen. Bedenken Sie dabei nicht nur die Tat an sich, den Tatbestand und den Tathergang, sondern beziehen Sie in Ihre Ausführungen auch moralische Aspekte mit ein.

Beispiel – gestaltendes Erschließen:

„Zu Hanna zu gehen schaffte ich nicht. Aber nichts zu tun, hielt ich auch nicht aus.
Warum ich nicht schaffte, mit Hanna zu reden? Sie hatte mich verlassen, hatte mich getäuscht, war nicht die gewesen, die ich in ihr gesehen oder auch in sie hineinfantasiert hatte.
Warum ich nicht aushielt, nichts zu tun? Ich sagte mir, ich müsse ein Fehlurteil verhindern. Ich müsse dafür sorgen, dass Gerechtigkeit geschieht, ungeachtet Hannas Lebenslüge, Gerechtigkeit sozusagen für und gegen Hanna ..." (S. 153 [2–15])

- An dieser Textstelle wird das Hin- und Hergerissensein von Michael deutlich – emotional und auch rational. Da er nach außen hin später wenig Emotionen zeigt, wird er wohl mit niemandem reden, um seine Gedanken zu teilen.
  Erschließen Sie sich Michaels Gedanken zum Prozess und seine Gefühle für Hanna zu diesem Zeitpunkt gestaltend, indem Sie Michael einen Brief schreiben lassen. Es ist offen, ob er jemals abgeschickt wird, es ist auch offen, an wen er gerichtet sein soll und ob er überhaupt einen Adressaten hat. Diese Details liegen in Ihrem Ermessen.

VIII. Bibliografie

ZM

Werke von Bernhard Schlink

Das Schülerheft enthält eine umfangreiche Biografie und Bibliografie.

zusammen mit Popp, Walter: *Selbs Justiz.* Roman. Diogenes Verlag. Zürich 1987.
Die gordische Schleife. Roman. Diogenes Verlag. Zürich 1988.
Selbs Betrug. Roman. Diogenes Verlag. Zürich 1992.
Der Vorleser. Roman. Diogenes Verlag. Zürich 1995.
Heimat als Utopie. edition suhrkamp. Frankfurt/M. 2000.
Liebesfluchten. Geschichten. Diogenes Verlag, Zürich 2000.
Selbs Mord. Roman. Diogenes Verlag, Zürich 2001.
Vergewisserungen. Über Recht, Politik, Schreiben und Glauben. Diogenes Verlag, Zürich 2005. *Die Heimkehr.* Roman. Diogenes Verlag, Zürich 2006.
Vergangenheitsschuld. Beiträge zu einem deutschen Thema. Diogenes Verlag, Zürich 2007. *Das Wochenende.* Roman. Diogenes Verlag, Zürich 2008.
Sommerlügen. Erzählungen (2010)
Gedanken über das Schreiben. Heidelberger Poetikvorlesungen. Essay (2011)
Die Frau auf der Treppe. Roman (2014)
Olga. Roman (2018)

Verfilmungen

Selbs Justiz: Der Tod kam als Freund (ZDF 1991. Regie: Nico Hofmann/Drehbuch Ullis Stephan)
The Reader/Der Vorleser (USA 2008, Deutschland 2009. Regie: Stephen Daldry. Drehbuch: David Hare nach dem Roman *Der Vorleser.* Mit Kate Winslet, Ralph Fiennes, David Kross, Bruno Ganz, Karoline Herfurth, Hannah Herzsprung u. a.)

Sekundärliteratur zu dem Roman *Der Vorleser*

Mappe mit Informationsmaterial, Rezensionen und Vorträgen über Schlink erhältlich bei Diogenes-Verlag, Sprechergasse 8, CH-8032 Zürich.
Bahners, Klaus (Hg.): *Schlink, Der Vorleser.* Bange Verlag. Hollfeld 2000.
Diekhans, J.: *Bernhard Schlink. Der Vorleser.* Unterrichtsmodell. 1998.
Feuchert, Sascha: *Lektüreschlüssel, Berhard Schlink, Der Vorleser.* Reclam. Ditzingen 2005.
Hesch, Wolfgang/Jahn, Ulrich, Treml, Klaus-Peter (Hg.): *Stundenbilder und Materialien für den Unterricht. Bernhard Schlink, Der Vorleser.* mvg-Verlag. München 1999.
Höfer, Adolf: „Die endgültige Entsorgung deutscher Vergangenheit in der jüngsten Gegenwartsliteratur". In: Jürgen Belgrad/Karlheinz Fingerhut (Hg.): *Textnahes Lesen. Annäherung an Literatur im Unterricht.* Hohengehren 1998.
Köster, Juliane: *Bernhard Schlink, Der Vorleser.* Oldenbourg. München 2000.
Lamberty, Michael: *Literatur-Kartei: ‚Der Vorleser'.* Verlag an der Ruhr 2001.
mvg-Verlag (ohne Autor/in): *Bernhard Schlink, Der Vorleser. Deutsch-Sekundarstufe II. Unterrichtsblätter und Materialien für den Unterricht.* Landsberg am Lech 1998.
Mittelberg, Ekkehart: *Der Vorleser. Unterrichtsmodelle mit Kopiervorlagen.* Cornelsen 2005.
Möckel, Magret: *Bernhard Schlink: Der Vorleser.* Königs Erläuterungen. Bange 2002.
Pohsin, Sonja: *Bernhard Schlink, Der Vorleser.* Verlag Ferdinand Schöningh. Paderborn 1998. (222813)
Reisner, Hanns-Peter: *Lektürehilfen: Bernhard Schlink, Der Vorleser.* Klett 2005.
Schäfer, Dietmar: *Schlink: Der Vorleser.* Mentor Verlag. München 2000.
Urban, Cerstin: *Bernhard Schlink ‚Der Vorleser': Kommentare, Diskussionsaspekte und Anregungen für produktionsorientiertes Lesen.* Beyer Verlag. Hollfeld 2000.

(Kollektiv)schuld

Ahrend, Hannah: *Ein Bericht von der Banalität des Bösen. Eichmann in Jerusalem.* München 1964.
Barbro, Eberan: *Wer war an Hitler schuld? Die Debatte um die Schuldfrage 1945–49.* München 1983.
Graml, H./Henke, K.-D. (Hg.): *Nach Hitler. Der schwierige Umgang mit unserer Geschichte. Beiträge von Martin Broszat.* München 1986.
Groll, Klaus-Michael: *Wie lange haften wir für Hitler? Zum Selbstverständnis der Deutschen heute.* Düsseldorf 1990.
Henkel, Heinrich: „Kollektivschuld". In: *Internationales Recht und Diplomatie.* Zeitschrift herausgegeben von Rudolf Laun. Köln 1960
Jaspers, Karl: *Lebensfragen in der deutschen Politik.* München 1963.
Kaufmann, Arthur: „Das Schuldprinzip. Eine strafrechtlich-rechtsphilosophische Untersuchung". In: Gesine Schwan: *Politik und Schuld. Die zerstörerische Macht des Schweigens.* Frankfurt/M. 1997.
KZ-Gedenkstätte Neuengamme (Hg.): *Schuldig. NS-Verbrechen vor deutschen Gerichten.* Beiträge zur Geschichte der nationalsozialisti-schen Verfolgung in Norddeutschland. Bremen 2005.
Sandkühler, Hans Jörg (Hg.): *Europäische Enzyklopädie zu Philosophie und Wissenschaften.* Hamburg 1990.
Schlink, Bernhard: „Auf dem Eis. Von der Notwendigkeit und der Gefahr der Beschäftigung mit dem Dritten Reich und dem Holocaust." In: *Der Spiegel* 19/2001 S. 82–86.
Schwan, Gesine: *Politik und Schuld. Die zerstörerische Macht des Schweigens.* Frankfurt/M. 1997.
Steinle, Jürgen: *Nationales Selbstverständnis nach dem Nationalsozialismus. Die Kriegsschulddebatte in Deutschland.* Bochum 1995.
Welzer, Harald: *Täter. Wie aus ganz normalen Menschen Massenmörder werden.* Frankfurt am Main 2005.

Konzentrationslager

Abram, Ido/Heyl, Matthias: *Thema Holocaust. Ein Buch für die Schule.* Reinbek 1996.
Antoni, Ernst: *KZ. Von Dachau bis Auschwitz.* Frankfurt/M. 1979.
Füllberg-Stolberg, Claus (Hg.): *Frauen in Konzentrationslagern: Bergen-Belsen; Ravensbrück.* Bremen 1994.
Hilberg, Raul: *Täter, Opfer, Zuschauer. Die Vernichtung der Juden 1933-1945.* Frankfurt/M. 1999.
Konzentrationslager Dokument F 321. Hgg. vom Französischen Büro des Informationsdienstes über Kriegsverbrechen. Frankfurt/M. 1988.
Kühnrich, Heinz: *Der KZ-Staat. Die faschistischen Konzentrationslager 1933-1945.* Berlin 1983[4].
Leitner, Isabella: *Isabella. Fragmente ihrer Erinnerung an Auschwitz.* Ravensburg 1993.
Lichtenstein, Heiner/Romberg, Otto R. (Hg.): *Täter – Opfer – Folgen. Der Holocaust in Geschichte und Gegenwart.* Bonn 1997.
Marlot, Eugène: *L'Enfer d'Alsace. Un guide-témoignage sur le Struthof Natzwiller.* o. O., o. J.
Matussek, Paul: *Die Konzentrationslagerschaft und ihre Folgen.* Berlin/Heidelberg/New York 1971.
Müller-Münch, Ingrid: *Die Frauen von Majdanek. Vom zerstörten Leben der Opfer und der Mörderinnen.* München 1982.
Neuhäusler, Johann: *Wie war das im KZ Dachau? Ein Versuch, der Wahrheit näherzukommen.* 1991[14].
Rogaski, Barbara: *Der Holocaust. Ein Buch für junge Leser.* Berlin 1999.
Wippermann, Wolfgang: *Konzentrationslager: Geschichte, Nachgeschichte, Gedenken.* Berlin 1999.

Nationalsozialismus

Baumgart, Reinhard: „Unmenschlichkeit beschreiben. Weltkrieg und Faschismus in der Literatur". In: *Merkur 1*/1965, S. 37–50.
Bedürftig, Friedemann: *Taschenlexikon Deutschland 1945.* München 1998.
Benz, Wolfgang (Hg.): *Enzyklopädie des Nationalsozialismus.* München 1998.
Benz, Wolfgang (Hg.): *Legenden, Lügen, Vorurteile. Ein Lexikon zur Zeitgeschichte.* München 1990.
Benz, Wolfgang/Buchheim, Hans/Mommsen, Hans (Hg.): *Der Nationalsozialismus. Studien zur Ideologie und Herrschaft.* Frankfurt/M. 1993.
Benz, Wolfgang: *Geschichte des Dritten Reiches.* München 2000.
Craig, David/Egan, Michael: *Extreme Situations. Literature and Crisis from the Great War to the Atom Bomb.* London/Basingstoke 1979.
Eggert, Hartmut/Profitlich, Ulrich/Scherpe, Klaus R. (Hg.): *Geschichte als Literatur. Formen und Grenzen der Repräsentation von Vergangenheit.* Stuttgart 1990.
Epp, Peter: *Die Darstellung des Nationalsozialismus in der Literatur.* Frankfurt/M./ Bern/New York 1985.
Goldhagen, Daniel Jonah: *Hitlers willige Vollstrecker: Ganz gewöhnliche Deutsche und der Holocaust.* Berlin 1998.
Ketelsen, Uwe-K.: „Literatur und Faschismus". In: Koebner, Thomas (Hg.): *Neues Handbuch der Literaturwissenschaft.*
Klinksiek, Dorothee: *Die Frau im NS-Staat.* Stuttgart 1982.
Kosellek, Reinhard/Stempel, Wolf-Dieter (Hg.): *Geschichte – Ereignis und Erzählung.* München 1983[2].
Michalka, Wolfgang (Hg.): *Deutsche Geschichte 1933-1945.* Dokumente zur Innen- und Außenpolitik. Frankfurt/M. 1993.
Mommsen, Wolfgang J.: *Nation und Geschiche. Über die Deutschen und die deutsche Frage.* München/Zürich 1990.
Rosh, Lea/Jäckel, Eberhard/Schwarberg, Günther: *Der letzte Tag von Oradour.* Göttingen 1992.
Schörken, Rolf: *Historische Imagination und Geschichtsdidaktik.* Paderborn/München/Wien/Zürich 1994.
Studt, Christoph (Hg.): *Das Dritte Reich. Ein Lesebuch zur deutschen Geschichte.* 1933–1945. München 1995.
Weber, Hildegard (Hg.): *aufgehoben – aufbewahrt. Bilder und Dokumente aus Deutschland 1933–1948.* Frankfurt/M. 1995.

Filme zum Nationalsozialismus/Holocaust

Die letzten Tage. USA 199. Fünf Überlebende berichten von den letzten Kriegstagen. Regie James Moll (FSK ab 16).
Der Prozess. Dokumentarfilm (3 Teile) über das Verfahren um das KZ Majdanek. Regie Eberhard Fechner; BRD 1984 (FSK –); insgesamt ca. 270 Min.
Nichts als die Wahrheit. Deutschland 1999. Dr. Mengele vor einem bundesdeutschen Gericht. Regie Roland Suso Richter. (FSK ab 12)
Schindlers Liste. USA 1993, Regie Steven Spielberg (FSK ab 12)

Dokumentationen auf DVD

Guido Knopp, *Hitlers Helfer I und II,* ZDF Video
Ärzte unterm Hakenkreuz, ZDF Video, Universum Film

Analphabetismus

Adresse für weitere Informationen: Bundesverband Alphabetisierung e. V.
Goebenstraße 13, 48151 Münster
www.alphabetisierung.de